소통의 흔적

소통의 흔적

농부 박우식의 거울로 보는 세상

심미안

책을 펴내며

친지들에게 나의 블로그를 소개하며 "들어와서 읽고, 댓글도 남기라"고 말하면 반응이 여러 가지다. 시골에 살면서 겪는 소소한 일상이나 세상의 크고 작은 사건들에 대한 나의 생각을, 대부분 사람들은 재미있다고 말하지만, 그중에는 "글 자랑을 하고 싶은 것이냐?"는 투의 태도도 있다. 특히 몇 년 전에 큰 딸과 주고받은 편지를 책으로 내며 출판기념회를 했을 때 "유명해지고 싶냐?" "제 얼굴에 금칠을 하는 것이 즐겁냐?"라고 주변사람들이 내게 말하는 것 같은 느낌을 받기도 했다. 그럼에도 불구하고 나는 그동안 블로그에 공개하는 글을 쓰고, 이제 또 그것들을 엮어서 책으로 만든다.

왜냐하면, 첫째로는 재미있기 때문이다. 나의 생각과 느낌을 많은 사람들이 읽고 그것들을 화제로 이야기하는 것을 나는 즐긴다. 혹독하고 거친 비평에 때때로 가슴이 아프기도 하지만, 대체로 나는 어떤 형식을 통하든 다른 이들과의 소통을 좋아한다. 생각해보면 이런 나의 마음은 사실 특별한 것이 아니다. 그림이든 음악이든 혹은 일상의 말이든, 우리가 하고 있는 사회생활의 몸짓들은 모두가, 서로 교류하고 싶은 일종의 욕구 표현일 테니까.

두 번째로, 나는 글을 자랑하기 위해 쓰지 않는다. '자랑' 이라는 뜻을 '남들보다 어떤 점에서 우위에 있다는 사실을 즐거워하며 그것을 드러내는 것' 이라고 생각한다면, 나의 글쓰기와 책 출판의 이유는 거기에 해당하지 않는다. 나는 지금 어디선가 보았던 "선물하는 마음으로 글을 쓴다"는 문장을 떠올리며 그 의미를 음미하고 있다.

편집용으로 프린트된 나의 글들을 보며, 나를 낳고 키운 어머니에게 '당신이 세상에 내놓은 내가 지금까지 살아보니, 세상이 이러이러 합디다' 라고 말하는 것 같은 기분을 느낀다. 이제 나이가 많은 어머니는 이 책을 읽으며 틀림없이 기뻐할 것이다. 좋은 선물이 될 것이라고 생각한다.

쉰 여덟 살 지금의 나를 만드는 데 어디 어머니만 있었겠는가? 나는 이 책을, 사랑하는 사람들 그리고 나아가서 살랑대는 바람, 따뜻한 햇볕 등 나를 있게 한 모든 것에 대해 내가 쓴 보고서 같은 것이라고 생각한다.

쓴 것들을 다시 읽어보니 마음에 들지 않는 곳이 여러 군데 눈에 띈다. 하지만, 내가 언제 스스로 만족스러운 글을 쓴 적이 있었던가? '진심 진정으로 썼다' 는 점을 자존과 위안으로 삼으며, 애써 즐거운 마음으로 책이 가져올 재미를 상상한다.

2015년 5월

누안에서 박우식

차례

농부 박우식의
거울로 보는 세상

빈 둥지 empty nest

오랜만에 컴퓨터 앞에 앉아서 일기를 쓴다. 글쓰기의 중요성에 대해 수도 없이 아이들에게 훈화조로 말하곤 했는데 정작 나는 이처럼 일기 쓰기를 거북해 하다니…… 좀 어이없다는 생각도 들고, '혹 내가 의식하지 못한 다른 이유가 있는가?' 하면서 스스로를 돌아보게 된다.

작은딸 하현이가 연세대 Law School에 합격한 후, 나의 심리도 상당한 변화를 겪은 것 같다. 아이들 둘 모두 나아갈 방향을 확정한 것이 아버지인 나의 마음에 적지 않은 해방감을 준 듯하다. 이는 한편으로 20여 년간 아이들의 보호자며 코치였던 나의 위치에 변화가 생겼다는 것을 뜻한다.

외교관인 큰 아이나 대학원에 다니는 둘째나 이제 부모의 간섭이 필요한 시기는 지났다. 독립적인 성인으로 대접받아야 하고 또 그렇게 행동해야만 한다. 부모와의 관계에서도 피교육생이나 피보호자가 아니라 대등한 인격으로서 교육이 아닌 대화의 대상이 되어야 할 것이다. 그리고 나는 그러한 변화를 받아들여야 하고. 이것은 정말 한 가족의 '새로운 시대' 다.

새로운 시대에 적응하는데 아이들은 아무 문제가 없는 듯하다. 부모와 떨어져 사는 서울 생활이 아주 자연스러워 보인다. 나름대로 바쁜 일상에서 친구를 사귀고 운동하고 쉬는 리듬이 그 자체로 '완벽' 해서 부모인 우리의 도움은 그들에게 이제 '필수' 가 아닌 것 같다.

부적응의 문제는 아이들이 아니라 우리 어른들에게서 발견된다. 나는 50대 중반의 나이에 '삶의 의미를 고민하는 10대의 우울함' 비슷한 감상에 자주 젖는다. 요즈음 코감기로 몸의 상태가 좋지 않은 것도 이유 중의 하나가 되겠지만, 해야 할 일을 함에 있어서 의욕이 생기지 않음을 자주 느낀다. 축사의 복도 청소나 감나무 전지작업 그리고 퇴비 살포 등 일이 쌓여 있지만 차일피일 미루고 있다. 글을 쓰지 않는 것도 이런 나의 마음 상태와 연관이 있을 것이다.

'empty nest' 현상이라고 했던가? 그 말이 지금 우리 집 상황을 표현하고 있는가?

착실하게 글을 써보는 것이 혼란스러운 감정을 정리하는 데 도움이 되기를 바란다.

그냥 남들 하는 대로 살아갈 것인가?

그냥 남들 하는 대로 살아갈 것인가? 항상 다수의 생각과 행동에 주의를 기울이며 거기에 나를 맞춰가면서 갈등을 피해가는 것이 지혜인가?

아니면, 어떤 상황에서도 비판의 끈을 놓지 않고 보다 나은 미래를 위해 생각하고 논쟁하고 때로는 목표를 설정하고, 또 그것을 위해 투쟁해야 하는 것일까?

어쩌면 행복으로 가는 길은 앞의 두 가지 중 이것이냐 저것이냐 하는 선택의 문제가 아니라, 인간과 그들의 사회에 대한 깊은 통찰을 기반으로 높은 이상을 향한 현실적인 방안을 찾아 한 발 한 발 나아가는 데 있을 것이다.

김대중이 강조하는 '상인의 융통성과 서생의 비판력' 도 바로 이러한 면을 말하고자 한 것이겠지.

그러나 돼지의 행복을 버리고 소크라테스의 고뇌를 지향하는 것은, 무엇보다 나의 자존심과 지성이 스스로 남의 장단에 춤추는 꼭두각시처럼 살아가는 것을 용납할 수 없기 때문일 것이다.

한 번 한정된 우리를 벗어나 넓은 대지를 달리고 푸른 하늘을 날아본 자는 다시는 구속과 억압 속에서 행복할 수가 없다. 아닌가?

콘돌리자 라이스 Condoleezza Rice

콘돌리자 라이스의 자서전 『No Higher Honour(최고의 영예)』의 끝이 가까워지고 있다. 영어로 된 자서전은 처음 읽어보는 것 같다. 전문 작가가 쓴 전기傳記나 소설과는 다른 맛이 있다. 본인이 직접 체험한 것들이 1인칭으로 서술되어 있어서 사건들이 더 선명하게 다가온다.

내가 그동안 보아 왔던 자서전이라는 이름의 책을 쓴 우리 국내 정치인들과는 다르게, 라이스는 본인의 이야기에서 거짓말을 하거나 심한 과장을 하고 있는 것 같지 않다. 상황들에 대한 묘사도 구체적이고 거기 나오는 인물들에 대한 서술 역시 사실적이다.

미국 정치에서 주요 역할을 한 사람들이 자서전을 써서 큰돈을 번다는 말을 종종 듣는다. 마치 권력자들의 퇴직금 같은 것이라는 인상을 받은 적도 있다. 하지만 라이스를 읽고 생각이 좀 바뀌었다. 논

문제를 떠나서 공직을 맡았던 사람들은 자신이 복무했던 그 기간을 국민들에게 설명해야하는 의무가 있다고 생각하게 되었다.

이 책을 읽고 나는 미국정치에 대해 많은 것을 배웠다. 미국의 정책결정 과정을 살펴볼 수 있는 것도 재미있었고, 그 속에 나오는 주요 인물들 사이의 갈등도 흥미로웠다. 이런 식으로 미국의 정치는 그 투명도를 높이고 있다는 생각을 했다.

한국에 관한 이야기에서 라이스가 노무현을 "unpredictable(예측불능)"하다며 이상한 사람으로 묘사한 것, 이명박을 "tough guy(강인한 사람)"라며 아주 높이 평가한 것은 나에게 새롭고 놀라운 것이었다. 최근 라이스와 같이 부시정부에서 근무했던 게이츠가 그의 책에서 노를 "crazy(미쳤다)"하다며 비하한 것도 같은 맥락이라고 생각한다.

첫 페이지를 읽은 후 지금까지 무엇인지 분명하지는 않지만 미진한 느낌도 있다. 라이스의 이야기는 많은 내용이 들어있지만 그것들을 어떤 커다란 하나의 줄거리로 엮지 않았다. 과거의 일들을 시간기준으로 메모장을 들여다보며 '그냥' 서술한 것 같다. 사건들의 앞뒤 인과관계나 그 개연성을 뒷받침할 역사적 배경에 대한 설명이 더 있었으면 좋았을 것이다.

그리고 또 한 가지, 그녀는 아주 용감하고 정열적으로 세상의 분쟁을 찾아다니며 해결사 노릇을 하는데, 어쩌면 그렇게 항상 확신에 차 있을 수 있을까? 나는 나이가 들어가면서 자신의 옳고 그름의 경계가 점점 불분명해지는 것을 느끼는데…. 내 경우 어떤 일을 행함에 있어서 스스로의 양심에 비추어 떳떳한지 그렇지 못한지 정도가 결정 기준이다. 선과 악의 잣대를 들이대고 남들을 평가하는 것이 점점 어려워지고 있다.

본인 스스로 스탠포드대학의 학자였던 것을 자랑스럽게 가끔 언급하고 있지만 그녀가 아주 지적으로는 보이지 않는다. 지식인 특유의 고뇌와 신중함 또는 우유부단 같은 것보다 가치판단이 명확하고 정열적으로 행동하는 전사의 특징이 더 많이 보인다.

치질수술을 앞두고

이제 곧 소 밥을 주고 나서 나는 치질 수술을 받으려고 병원에 입원한다. 현재 심리적으로 약간 위축되어 있는 상태다.

마음이 좀 복잡하다. 낯선 수술상황도 약간 두렵고, 며칠 입원하면서 생기는 공백 기간의 농장일 안배도 신경 쓰인다. 소 밥 주는 문제를 OO댁에게 부탁했지만 그녀가 제대로 잘 해 낼는지에 대해 확신이 서지 않는다. 무엇보다 글과 그림으로 설명해 놓은 것들을 그녀가 읽고 이해할 수 있는지를 모르겠다. 그녀는 글을 아는 것처럼 하지만 내가 그것을 확인한 적은 없다.

어제부터 진행되고 있는 축사의 퇴비작업도 내가 없는 사이에 순조롭게 돌아갈는지 모르겠다. 그리고 5시에는 수정사 김이 오기로 되어 있다. 아, 그리고 닭도 모이를 주고 낳은 알들을 날마다 수거해야 한다. 요즘처럼 추운 날씨에는 알을 줍지 않으면 밤에 그것들이 얼어서 터지고 마는데….

한편으로는 입원하는 기간이 마치 휴가 같은 느낌으로 다가온다. 내일부터 며칠 동안은 추운 아침에 축사에 올라가지 않아도 된다. 엉덩이 때문에 얼마나 고통을 받게 될지는 모르지만 침대에 누워서 하루 내내 타임지나 소설을 읽으며 빈둥거릴 수 있다. 아내나 혹시 위문 올 사람들로부터 불쌍한 환자 취급도 받으면서 말이다.

그나저나 수술을 받고 나면 말끔하지 못한 엉덩이 쪽 느낌이 깨끗이 사라질까?

다시 일상으로

어제 퇴원했다. 다행히 수술과 그 후 경과가 나쁘지 않아 모든 일들이 예정대로 진행되었다. 수술담당 의사 김철수나 사무장 송재복에게서 친구의 따뜻한 정을 느낄 수 있었다. 50대 후반이 된 우리 나이에는 특별한 표현이 없어도 그냥 막연한 호의를 느낄 수 있는 기회가 종종 생긴다. 오랜 만에 만난 친구를 보며 '너도 지금까지 그런대로 잘 버티며 살아있었구나. 앞으로도 이 세상에서 같이 씩씩하게 살아보자. 도울 수 있는 일이 있으면 나도 힘을 보탤게' 라고 말하는 것 같은 그런 분위기 말이다.

며칠 만에 다시 본 우리 집 짐승들은 별 문제 없이 잘 있는 듯하다. 퇴비 작업을 한 고씨는 약속대로 감나무 밭에 퇴비를 두 차 펴 놓았고, ○○댁은 소, 닭들 돌보는데 큰 어려움이 없었던 것 같다. 달걀도 다 주워서 스틸로폴 박스에 넣어 토방 탁자 위에 얌전히 놓아 두었다.

어제 저녁부터 축사 일을 내가 하고 있다. 아픈 엉덩이를 조심스럽게 움직여 왔다갔다 일을 하는 것이 좀 힘들기는 하지만 뭔가 할 일이 있다는 것이 좋다. 해야 할 일 없이 침대에서 빈둥거리는 일이 꼭 즐거운 것은 아니다. 의자나 책상이 없는 방에서 하루 내내 누워서 책을 보거나 TV를 보는 생활은 금방 싫증이 난다. 오랜만에 맞는 휴가 같은 것으로 생각하려 했지만 그것은 감옥살이에 더 가까웠던 것 같다.

오늘 아침 수술 후 처음으로 제대로 된 대변보기를 했다. 엄청 불편했다. 습관대로 화장실에 앉아서 읽으려고 들고 갔던 책과 안경은 한 쪽에 내려놓고 엉덩이를 들었다 놓았다 하면서 괴로운 시간을 보냈다. 그 후에 따로 해야만 하는 좌욕도 번거로운 일이었고. 언제쯤이나 이 고통으로부터 해방이 될런고? 앞으로 한 열흘 후쯤이면?

내가 수술을 받든, 화장실에서 땀을 흘리며 괴로워하든 말든, 세상은 제 멋대로 돌아간다. 사람들이 나의 처지를 알고 공감해 주기를 바란 것은 아니지만, 세상일 돌아가는 것이 나의 사정과는 전혀 무관하다는 것을 확인하는 것은 약간 거시기한 느낌이다. 3일 만에 풀어놓은 강아지 '보리'는 이리 저리 달리며 저의 자유를 즐긴다. 닭들은 그저 '먹을 것 안주나?' 하는 눈빛으로 내 주위를 왔다 갔다 하고 소들은 아예 아무 생각도 없는 것 같다.

있는 그대로 보기

얼마 전 일이다. 치질 수술 전인데, 보리를 데리고 동네 산에 산보를 갔다. 돌아오는 길에 작은 농장 옆을 지나는데, 보리가 그곳의 비닐하우스 축사 주변에서 닭과 염소를 보고 흥분을 해서 통제 불능 상태가 되고 말았다. 보리는 도망가는 가축들을 끝없이 쫓아다녔고, 큰 소리로 부르면 잠시 멈칫하고 나를 쳐다봤다가 다시 닭들을 향해 달렸다. 자세히 보니, 쫓기던 염소 한 마리가 머리를 낮추고 대항하니까 보리는 염소들은 포기하고 닭들만 쫓으며 달렸다. 어떤 닭은 꿩처럼 푸드덕 날고 어떤 것들은 구석에 아예 대가리를 처박고 꼼짝도 하지 않은 채 있었다.

보리는 닭들을 쫓고 나는 보리를 잡으러 가는 활극이 한참 계속되는 동안 나는 '이 빌어먹을 개 xx가 왜 이렇게 주인 맘을 몰라주는 거야?' 하는 생각에, 호흡이 가빠서 헉헉거리며, 욕을 퍼부었다. 어떻게 해도 개를 진정시킬 수가 없던 나는 결국 잔 돌들을 개에게 던져서 그것이 '깨갱' 하며 물러서게 만들었다. 한번이 아니라 여러 번 명중해서, 보리를 그 축사로부터 멀리 줄행랑치게 만들었다.

집에 돌아오니 보리는 먼저 와서 아무 일도 없었다는 듯 마당을 돌아다니고 있었다. 나는 그것이 미워서 가두어 놓고 3일 동안 외출을 금지했다. 물론 그 후로는 산보할 때 데리고 가지도 않는다.

한참이 지난 요즈음에 와서 돌이켜보면, 내가 보리로 부터 배신감을 느낀 것은 그의 탓이라기보다 순전히 내 탓인 것 같다. 개는 그 전이나 그때나 그 후나 변하지 않고 개 본연의 모습으로 그대로 있는데, 나만 근거 없이 기대했다가 상황이 벌어지자 실망하고 신경질만 부린 것 같다.

하지만 대상을 냉정하게 있는 그대로 보는 것이 쉬운가? 자식들 아내 친구들 이웃들 등 주변을 둘러보면, 그들에게도 나는 기대했다가 실망하는 일을 되풀이하고 있다.

자식들에 대해서도 '객관적으로 보자, 냉정하게' 를 중얼거리며 임하지만, 어느새 기대는 비현실적이 되고 결과는 씁쓸한 것일 때가 수도 없이 많았다.

아내는 어떤가? 30년 가까이 같이 살아왔지만 내가 그녀에게 바랐던 변화의 모습이 과연 현실이 되었나?

크게 실망할 것은 없는 듯하다. 나 역시 다른 이들에게 수많은 실망을 주었겠지만 지금도 그런대로 고개를 들고 살아가고 있지 않은가?

변화가 전혀 없는 것은 아니다. 보리는 반복된 "들어가!"라는 명령에 이젠 스스로 집으로 들어갈 줄도 안다. 그동안 명령에 따른 상품으로 수많은 계란이 소모되긴 했지만, 어쨌든 성과가 있다. 요는, 내가 대상에 대해 냉정할 때와 열정을 가지고 임할 때를 잘 구분하는 것이다.

'몰입과 거리두기' 는 역시 용처가 많다.

세월 버티기

언제부터인가는 모르지만 기억력이 옛날만 못하다고 느끼며 산다. 알아야만 할 것 같은 단어가 생각이 안나 헤매는 일이 가끔 있다. (다행이도?) 나만 그런 것 같지는 않다. 친구들에게 물어보면 그들도 같은 경험으로 우울할 때가 있다고 한다. 멀리 갈 것도 없이, 나보다 두 살 아래인 아내도 같은 현상이 있다고 하니 이런 증상은 50대의 사람들에게 일반적으로 나타나는 것인 듯하다.

며칠 전 읽은 어떤 글에서, 뇌는 근육과 같아서 계속 훈련을 하면 그 기능이 꾸준히 향상한다는 이야기를 읽었다. 정확하게 어느 정도까지 가능하다는 뜻인지는 몰라도, 나는 지난 두 달간 다닌 체육관에서의 훈련을 통한 나의 근육발달을 떠올리며 그럴듯하다고 생각했다. 사실 나는 지난해 10월 말 처음 체육관에 갔을 때 턱걸이를 3개밖에 못했지만 지금은 배치기를 포함해서 10개를 한다. 윗몸 일으키기 등의 반복연습을 통해 나의 복근과 어깨근육은 그 변화가 뚜렷해지고 있다.

거의 고질이 되었던 허리아픔도 등허리근육 강화운동을 통해 많이 해소되었다. 이 뿐만 아니라 몸의 여러 부분이 체조와 근육운동을 통해 그 굴신능력이 좋아졌다. 근육은 나이가 들었어도 확실히 훈련을 통해, 물론 한계가 있겠지만, 고장을 방지하고 그 기능을 유지할 수 있다고 나는 나의 경험을 통해 확신한다.

그런데 뇌에 있어서도 단련하면 과연 근육에서처럼 그렇게 분명한 효과를 볼 수 있을까?

앞서 말한 그 글에서는 명상을 뇌 훈련의 예로 설명했지만, 나는 새로운 생각에 접하기와 글쓰기 정도를 그 예로 설정해 본다. 새벽에 2~3시간의 영어책 보기 그리고 소 밥주고 내려와서 블로그에 작문하기가 나의 그 훈련이다. 사실 이것들 중 앞의 것은 나의 일상이 된 지 5~6년이 지났으니 제법 오래된 셈이다.

그런데도, 지금까지의 느낌으로는, 내가 크게 영리해지고 있는 것 같지 않다. 겨우, 20대 조카들을 만나 토론할 때 나도 할 말이 있고 그것을 그런대로 논리적으로 표현할 수 있다는 사실에 안도하고 있다.

나는 나의 영어실력을 향상하기 위해서 날마다 새로운 단어를 공책에 적고, 또 그것들을 앞장부터 찢어 주머니에 넣고 다니며 하루에도 4~5번씩 읽고 왼다. 청취력 향상을 위해서 CNN 등 영어방송을 날마다 집중해서 듣는 시간을 갖는다. 정말 나름대로 열심히 하고 있는데, 얼마 전 20대 조카와의 TEPS시험 경쟁에서 큰 점수차로 패하고 말았다. 심지어 중학교 다니는 놈도 나보다 고득점 했다고 한다. 그나마 작은 위로가 되는 것은, 내가 리스닝Listening에서는 크게 뒤졌지만 독해와 단어 점수에서는 그 애들보다 앞섰다는 점이다.

아무래도 뇌는 복근 발달하듯이 훈련 효과가 빨리 나타나지는 않는 것 같다. 그러나 어쩌겠는가? 흘러가는 세월에 맞서 아등바등이라도 해 봐야지. 그것도 해보지 않고 무기력하게 시간의 폭군에게 굴복하기에는 나의 의지와 자존심이 좀 거시기하다.

평범한 자의 고뇌

모차르트보다 살리에리, 제갈량보다 주유, 토끼보다 거북이의 편이 되어가고 있는 기분을 종종 느낀다. 천재들의 쾌사快事들은 오랫동안 나의 감동이고 꿈이었는데, 어느새 나는 극이든 현실이든 2인자 또는 패배자들과 공감하며 그들의 고뇌를 안타까운 마음으로 바라본다.

도저히 따라갈 수 없는 능력을 지닌 자들과 같이 경쟁하면서 겪어야 하는, 평범한 이들의 열등감과 좌절감에 대한 이야기들이 심금을 울린다. 자신은 평생을 노력해도 쓸 수 없는 곡을 모차르트가 한 번의 흥취로 완벽하게 만들어 내는 것을 바라보는 살리에리의 마음, "제갈량을 세상에 내놓았으면 왜 나를 또 내놓았느냐?"고 하늘을 향해 절규하는 주유를 생각하며 나는 그들의 운명적 슬픔에 깊이 공감한다.

아마도, 내가 더 이상 천재가 될 수 없다는 사실, 그리고 나는 옛날이나 지금이나 살리에리일 수밖에 없다는 것을 자각한 데서 오는 새로운 편 가르기일 것이다. 어쨌든, 1류 이든 2류 이든 혹은 3류 이든 삶은 계속된다.

나는 주유의 슬픔, 살리에리의 절망감에 대한 방어 장치로 몇 가지를 생각하고 실천하고자 한다. 첫째는 스스로의 정체성을 확실히 하는 것이다. 어설픈 천재 흉내를 내지 않겠다고 다짐한다. 그들을 닮으려고 하다 보면 겉과 속이 달라져 결국 균형을 잡을 수 없어 자빠지고 말 것이다. 둘째, 그들의 규칙으로 경쟁하지 않는다. '거북이는 어떤 생각으로 토끼와 달리기 경주를 하겠다고 했을까? 정말 승률이 있다고 생각했을까? 씨름을 했더라면 거북이가 좀 더 승산이 있지 않았을까?' 하고 생각하는 것이다.

그리고 또 한 가지, 아주 중요한 것은, 평범한 이들은 부지런해야 한다는 것이다. 나를 포함한 거북이들은 대부분 이 점마저도 평범해서, 게으름을 토끼 못지않게 좋아한다. 하지만 이 부분은 다른 방법이 없다. 꾸준함과 부지런함은 어떤 일을 함에 있어서 필수불가결한 미덕이다. 범인들에게 있어서는 특히 여유가 별로 없다. 그리고 이 부분 즉 꾸준함과 부지런함은 천재들의 약점일 가능성이 크기 때문에, 범재들이 파고들어 재주의 열세를 어느 정도 상쇄할 수 있는 영역이다.

따라서 나는 글쓰기에 임하며 스스로에게 경고한다.

첫째, 주제를 가능하면 작은 것으로 내가 스스로 감당할 만한 것을 정하라.

둘째, 서술에 있어서는 나의 직접적인 경험을 중심으로 하라.

셋째, 자주 써라. 쓰다보면 좋은 글이 나올 수 있다. 쓸 때는 나 스스로도 그 글의 평가를 할 수 없는 경우가 많기 때문에 일단 써놓고 독자들의 반응을 보면서 고쳐 나가라. 야구에 비유하자면, 타석에 자꾸 서서 작은 안타를 노리자는 것이다. 그러다보면 어쩌다 2루타나 홈런도 한 번씩은 칠 수 있지 않겠나 하는 생각이다. 요는 타석에 자주 나서야 한다는 점이다.

좋아하는 것과 잘 하는 것에 많은 차이가 나는 사람들은, 이것저것 여러 가지 시도해봐야지 어쩌겠나? 그러고도 안 되면 살리에리들끼리 모여서 서로를 위로할까?

두려운 것들

어제 축사의 전기를 배급하는 배선 차단기가 고장이 나서 소들 마시는 물통의 물이 모두 얼어붙었다. 이는 잘못하면 아주 번거로운 일로 발전할 수 있는, 나에게는, 비상상황의 하나다. 특히 어제처럼 기온이 낮에도 영하로 내려가는 날은 물통의 물만 어는 것이 아니라 그 밑의 물이 나오는 관 자체가 얼어서 터지는 수도 있다.

소를 키우는 지난 4년간 몇 번 지하수 펌프 모터의 고장이나 어제 같은 전기장치 고장 같은 이유로 물을 손으로 길어다가 준 적이 있었는데, 그것은 정말 중노동이다. 하루쯤 물을 마시지 못한 큰 소 한 마리는 한 번에 물을 약 30~40리터나 마신다. 양동이로 40여 마리의 소들에게 물을 퍼 나른다고 상상해보면 그것이 얼마나 힘든 일인지 쉽게 알 수 있을 것이다.

전기 관련된 일이 나는 여전히 두렵다. 전구를 갈아 끼운다거나 농약기 모터를 가동한다거나 하는 일은 나에게도 이제 익숙한 일이 되었지만, 외부에서 오는 전기를 배급하는 배선차단기 문제는 생소하고 어디서부터 해결해야 할지 감을 잡을 수가 없다.

나는 결국 친절한 이웃 ○○씨에게 도움 요청을 해서 그로 하여금 물통 전기장치를 작동하게 했다. 그 후 즉시 한전에 연락해서 그쪽에서 사람을 보내와 그 배선차단기를 근본적으로 수리하게 했다. 다행히 물통의 가온장치가 가동하자 통속의 얼음은 녹고 물 배급 장치는 정상적으로 움직였다.

어제 발생한 문제는 해결되었지만, 씁쓸한 뒷맛을 남기고 있다. 왜 나는 아직도 축사 문제에서 독립적으로 일처리를 못하는 것일까? 나는 전기나 용접 일에 있어서 왜 이처럼 서툴고 일을 겁내는 것일까?

생각해보면 생활 속에서 내가 두려워하는 것이 전기 관련된 일뿐이 아니다. 나는 신용카드 쓰는 것을 몹시 꺼린다. 수년 전에 현금카드가 든 지갑을 분실한 줄 알고 – 나중에 집에서 찾았지만 – 놀란 후로 나는 내가 가지고 있는 카드를 거의 모두 가위로 잘라 버렸다. 현재는 면세유 카드 – 몇 년 전부터 현금으로는 구입이 불가능하다 – 와 축협에서 거의 강요하다시피 발급받은 농협카드 한 장만 가지고 있다.

나는 한약도 먹지 않는다. 한의사들이 이론의 근거로 설명하는, 수천 년 전에 만들어진 음양오행설이나 수백 년 전에 기록된 『동의보감』을 나는 신뢰하지 않는다. 그것들의 주변을 감싸고 있는 신비주의를 두려워 한다는 말이 더 적절할 것이다.

스마트폰이나 인터넷 관련 기술도 나는 어렵고 거북하게 느낀다. 시간이 지나면서 결국 나도 적응해서 카톡도 하고 사진을 보내기도 하고는 있지만, 항상 그런 기술을 받아들이고 사용하는 것이 주변에서 맨 뒤쪽이다. 변화하는 시대를 마지못해 뒤따라가면서 투덜거리고 힘들어 하는 모습이다.

나이듦의 특징 중 하나가 적응력이 떨어지는 것이라던데, 딱 내가 그 경우인가? 아니면 나는 선천적으로 기술 부적응 성격을 타고 났을까?

어쩌면, 눈에 확실하게 보이지 않으면 믿지 않는 것이 습관이 된 나의 태도 때문일 수도 있다. 나는 특정한 신神을 믿지 않는다. 애국가의 "하느님이 보우하사"라는 가사를 들을 때도 가슴에 뭔가가 걸리는 느낌을 받곤 한다.

분명한 것은, 모르는 것은 두려운 것이 되기 쉽다는 점이다. 전기 관련해서 공부를 좀 해야 할 것 같다. 현재 상태가 불편하다.

소의 모정母情

송아지를 어미 소에게서 떼 놓으면 어미고 새끼고 3~4일 동안을 '운다'. 소 울음소리는 상당히 커서 제법 멀리까지 퍼져 나가는데, 나는 축산 초창기에 이 소음이 이웃 사람들의 안면을 방해할 것만 같아 불안해했었다. 어미는 2~3일 지나면 안정되지만 새끼의 고함은, 목이 쉬어서 소리가 더 이상 나오지 않을 때까지, 보통 그 후 며칠을 더 간다.

생이별한 소 모자母子의 '애절한 슬픔'을 보면서 나는 효율적으로 짐승 기르는 것이 – 축산 책에는 약 3개월쯤 되면 젖을 떼라고 되어 있다 – 감정적으로는 쉽지 않은 일이라고 생각하며 마음이 늘 불편했다.

이 극적인 어미와 새끼의 서로를 찾는 고통스런 외침은 역사에서도 언급되고 있다. 이성계가 임금 자리를 아들 방원에게 물려주고 함흥에 은퇴해 있을 때, 신하들에게 아들관련 소식을 전하지 못하게 했다. 유명한 함흥차사라는 말도 이 이야기에서 유래하고 있다. 이때 신하 한 명이 꾀를 내어 어미 소와 송아지를 주변에 떼어놓고 울게 해서 이성계가 무슨 일인지를 묻게 했다고 한다. 소 모자母子의 정情을 화제로 삼아, 이성계의 아들에 대한 감정을 진정시키고자 했다는 이야기다.

그런데 소 관련 경험이 쌓여가면서 나는 생각이 좀 바뀌고 있다. 어미 소의 새끼에 대한 정이 별 것 아닌 것 같다고 생각할 만한 정황을 자주 보게 되었기 때문이다. 예를 들면 같은 방에 있는 다른 암소가 자신의 새끼를 공격할 때 어미는 방관한다. 또 젖을 뗀 송아지를 일정 기간 후에 어미와 다시 합사해도, 어미는 자기 새끼를 완전히 남으로 대하는 것을 종종 볼 수 있다. 어떤 어미는 먹을 것을 새끼하고도 나누지 않는다. 지금 키우고 있는 소 중 하나는, 산후우울증 탓인지 어미가 젖을 주지 않아, 내가 처음부터 대용유를 먹여 길러야 했다.

송아지의 어미에 대한 정情도 특별한 것 같지 않다. 세상에 나오자마자 송아지가 자기의 네 발을 펴고 일어나서 비틀거리며 어미젖을 찾는 장면은 좀 감동적일 때가 있지만, 송아지가 원하는 것은 엄밀히 말해 어미라기보다 먹을 것인 젖이다. 앞에 언급한, 내가 대용유를 먹여 키운 송아지는 그 당시 제 어미가 아닌 나를 강아지처럼 졸졸 따라다녔다.

여러 모자 쌍을 한 방에서 같이 키울 때 보면, 송아지들은 기회만 되면 어미들을 가리지 않고 아무 젖이나 빤다. 물론 어미는 자기 새끼가 아닌 것이 자기 젖 먹는 것을 좋아하지 않지만, 보통 스스로 식사 중이라든지 할 때는 누가 젖을 먹든 크게 신경 쓰지도 않는다. 한편, 누워서 쉬고 있는 배부른 송아지의 뺀질뺀질한 표정은 어미가 가까이 오는 것도 귀찮아하는 것처럼 보이기도 한다.

이별한 소 모자의 울부짖음은 상실감으로 인한 슬픔의 외침이라기보다 아무래도, 송아지는 먹지 못하게 된 젖을 향한 욕구불만, 어미는 불어난 젖으로 인한 아픔을 표출하는 것 같다.

유행가 가사쓰기

몇 년 전부터 나는 유행가 가사 쓰기를 시도하고 있다. 요즈음은 주춤하지만 몇 달 전까지도 일하다가 쉬려고 앉으면 바로 내 정신은 시상詩想을 찾아 헤매곤 했다. 한국어나 영어로 된 가요의 가사들도 주의 깊게 듣고, 영시집도 찾아서 읽으며 좋은 시를 써보려고 노력했지만 결과는 신통치가 않았다. 좀 더 분명하게 말하자면, 나의 작품을 나는 나쁘지 않다고 생각한 것들도 있었지만, 어떤 것도 딸들이나 아내 혹은 동생들로부터 좋은 평을 듣지 못했다.

사서삼경 중 하나인 『시경詩經』이, 공자가 당시의 유행가 가사를 모아 놓은 것이라는 것을 알고 나는 그것도 읽어보았다. 딱딱한 유교적인 교훈들로 꽉 차있을 것이라는 선입견과는 다르게 자유분방한 남녀 간의 애정을 묘사한 것들이 상당수 있었다. 여기서 나는 쉽고 노래 같은 시가, 시 원래의 모습에 가까운 것일 것이라고 생각하며, 나의 유행가 가사 쓰기가 시인이 되어가는 '고상한 작업' 이라고 생각했다.

어쨌든 나는 나름대로 시간과 심력心力을 투자해서 몇 십 수의 시詩를 완성하고 스스로 감탄도 했지만, 주변으로부터 한 번도 크게 인정을 받지 못해 지금은 좀 위축된 상태다. 특히 "음치에다 리듬감도 없는 사람이 무슨 유행가 가사를 쓰겠냐?"며 "사람이 좋아하는 것과 잘하는 것은 다르다"는 아내의 지적은 강펀치가 되어 나를 휘청거리게 만들고 있다.

하지만 아무리 생각해도, 요즘 히트하고 있는 노래들의 '형편없는' 가사들과 비교해보면 나의 것은 수작秀作이라는 생각을 지울 수가 없다. 이제 나는 나의 블로그를 운영하며, 방문자들이 있으니 그들에게 약간 위로받고 싶은 기분으로 평評을 구하려 한다. 먼저 맛보기로 시 한편 올린다.

바람 불어 꽃 지던 날
멀어져간 너의 향혼香魂

슬픔만 남은 빈자리에
오늘 또 바람이 분다.

눈부신 태양 속에

흩날리는 꽃잎
덧없구나 짧은 꿈

맴도는 향기 속에
고개 들어 하늘을 본다.

안녕, 안녕!
대답 없는 허공에
안녕, 안녕!

체육관에서

어제 아침 수술 후 처음으로 헬스클럽에 갔다. 익숙한 빠른 박자의 노랫소리, 바닥마루에서 오는 열기 섞인 희미한 땀 냄새 등이 3주 전의 바로 그 느낌을 빠르게 되살려 주었다.

소들에게 밥을 주고 축사에서 내려와 이것저것 챙겨 집을 출발해 그곳에 도착하면 10시 반에서 11시가 된다. 그때는 주부 아줌마들과 고시 공부하는 사람들 또는 드물지만 나 같은 농부들이 주로 오는 시간이다. 탈의실에서 체육복으로 갈아입고 운동실로 들어가면서 보니 몇몇 눈에 익은 사람들이 러닝머신 위에서 움직이고 있었다.

체육관 관장을 찾아 석 달 기간으로 재등록을 하고, 수술 관련해서 묻는 그의 의례적인 질문에 짧게 답하며 내 운동 프로그램의 첫 번째 순서인 체조를 하러 갔다. 중단 기간 때문에, 예상한 대로 온 몸의 마디마디가 펴지고 굽어지는데 삐걱거리는 소리를 내는 것 같았다. 거울에 비친 내 모습은 배도 약간 더 나온 것 같고 얼굴도 단단한 맛이 좀 떨어져 보였다. 하지만 원하는 동작을 모두 그런대로 전처럼 할 수 있다는 점을 다행스럽게 생각하며 열심히 몸을 풀었다.

그동안에 주변을 왔다 갔다 하는 사람들이 있지만 우리는 서로 인사하지 않는다. 상대가 본 적이 있는 이라 하더라도 애써 눈을 피하며 다른 것에 집중한다. 이것은 헬스클럽의 독특한 문화인 것처럼 보인다. 클럽 사람들은 오는 시각도 제각각이고 서로 인사하는 기회도 없다. 모두가 자기 일이 끝나면 샤워하고 조용히 사라진다. 물론 친구들이 약속을 하고 함께 오는 경우는 자기들끼리 잡담을 하기도 한다. – 어떤 아줌마들은 정말 심하게 큰소리로 떠든다 –

등허리근육 강화운동, 윗몸 일으키기를 끝내고 턱걸이를 했다. 생각보다는 머리가 철봉 위로 수월하게 올라갔다. 여섯 개까지는 순수한 팔 힘으로 나머지 네 개 정도는 배치기로 했지만 합 열 개의 턱걸이를 할 수 있다는 점에 기분이 좀 좋았다. 나는 이때 거울에 비치는 나의 팔과 어깨근육의 움직임을 바라보기 좋아한다.

드디어 나의 중심 운동 자전거타기이다. 러닝머신에서 시원하게 달려 땀을 쫙 빼고 싶지만 무릎이 시원찮아진 후로 나는 달리기를 나의 프로그램에서 제외했다. 대신에 내가 선택한 것이 자전거타기이다. 바퀴 돌아가는 것을 좀 빡빡하게 해놓은 뒤 그것을 한 30분 타고 나면 땀도 제법 나고 뒷맛이 좋다.

이때는 또한 앞에 주욱 놓여 있는 러닝머신들 위에서 달리고 걷는 사람들의 뒷모습을 감상하는 시간이기도 하다. 러닝머신의 앞은 거울이 아니라 투명한 유리창이라 그들은 뒤에서 자전거를 타며 자기들을 훔쳐보는 나 같은 사람들을 볼 수 없다. 운동복으로 몸에 바짝 붙는 옷을 착용하는 이들도 있고, 나처럼 반바지를 입은 사람들도 있다. 상당한 속도로 달리는 사람, 시속 5킬로 정도로 한정 없이 걸으며 가지고 있는 전화기에 대고 끝없이 이야기하는 사람, 기계에 장착되어 있는 텔레비전을 보는 사람 등등 가지각색이다. 눈길을 끄는 근사한 뒤태를 가진 사람이 없어서 나는 곧 관심을 끊고, 반바지 주머니에 넣어 가지고 간 영어단어 쪽지를 꺼내어 들여다보면서 페달을 밟았다.

자전거에서 내려올 때쯤에는 나의 반소매 상의가 땀으로 척척하게 젖는다. 호흡도 거칠고, 다리도 후들거려서 균형을 잡기 위해 잠시 서서 쉰다.

다시 윗몸 일으키기와 등허리근육 강화운동을 하러 가는 길옆 거울에 내가 비쳐 보이는데, 반백의 머리카락에 큰 얼굴의 주름은 깊고 다리는 짧다. 누구도 훔쳐보고 싶을 것 같지 않는 X폼이다.

소수少數쪽에 선다는 것

다수가 가는 길이 아닌 다른 길을 선택할 때는 이것저것 준비할 것이 더 많아진다. 참고할 수 있는 경험들이 제한되어 있어서 일어날 수 있는 사고 등 돌발 변수에 대해서도 더 꼼꼼한 – 그리고 외로운 – 대비가 필요하다. 그러나 무엇보다 '나는 왜 이 길을 택했나?' 하는 질문에 스스로 철저하게 답해야 한다. 이 부분이 분명하지 않으면 가지 않은 '다수의 길' 에 대한 미련 때문에 작은 장애물에도 확신이 약해지고 손발은 쉽게 지친다.

돌이켜보면 나의 선택들 중 상당수가 소수 쪽에 속하는 것들이었다. 아이들을 화교학교에 보낸 것, 시골에 집을 짓고 살며 아이들도 시골학교를 다니게 한 것, 그리고 얼마 후 두 아이 모두 중국으로 유학을 보낸 것 등등, 아이들 교육과 관련해서는 전체적으로 주변에 그 예가 없는 선택의 연속이었다. 지금은 두 아이들 모두 다수多數가 인정하는 곳에 안착해서, 사람들이 나와 아내에게 '선견지명先見之明'

이었다고 칭찬하듯 말하기도 하지만, 과거 우리의 '남 다른' 결정들은 이미 택한 길에서 고비마다 최선을 찾는, 때로는 정글 숲을 해치고 가는 듯 불안하고 부담스런 것들이었다.

오래 전 가족 어른의 환갑잔치에서, 어려서 같이 자랐지만 십 수년을 보지 못하고 지내다가 만난 사촌들이 나를 보고 '○○대, ○○과를 나와서 시골에 사느냐?' 며 한심하다는 듯 물어서 난감했던 기억이 있다. 당시 우물쭈물 응답을 하고 자리를 피했지만 뒷맛이 참 고약했다.

이처럼 주류에서 벗어나면 스스로에게 뿐만 아니라 때로는 다른 이들에게도 이유를 설명해야 하는 입장에 서게 된다. 이런 상황을 종종 접하게 되면서 나는 나름대로 훈련이 되어서, 어떤 때는 진지하게 어떤 때는 건성으로, 임기응변臨機應變 하며 나아간다.

그런데 얼마 전에 느낀 것인데, 나는 이 소수의 길에 버릇이 들어가는 것 같다. 최근 크게 화제가 되고 있는 영화 〈변호인〉과 〈겨울왕국〉을 나는 아직 보지 못했다. 〈겨울왕국〉은 아내가 같이 가서 보자고 제안한 적이 있어서 기회는 있었지만, 당시 나는 몇 가지 이유를 들어서 가지 않았다. 그리고 이제는 다른 이들이 다 본 것 같아서, 바로 그 이유 때문에, 가서 보는 것을 꺼리고 있다. 문제가 있는 태도일까?

얼굴표정 좋게 하기

십여 년 전 아내와 아이들이 미국 텍사스에 있을 때 나도 그곳에 가서 2주간 머무른 적이 있었는데, 당시 나는 아침마다 집 주변 공원에서 달리기를 했다. 잔디밭 주위로 나 있는 약 500~600m 정도의 길을 매일 여덟 바퀴씩 뛰었는데, 나와 반대방향으로 달리는, 학생으로 보이는 백인 소녀를 거의 매일 만났다. 그런데 문제는 이 아가씨가 나와 마주칠 때마다 나를 보고 미소를 짓는 것이었다. 두 바퀴, 세 바퀴 반복되는 만남에도 항상 예쁜 미소를 보내며 내 옆을 스쳐갔다.

처음에는 다른 사람을 보고 웃는다고 생각했지만 그 횟수가 늘어나면서 그것이 나를 향한 것이라는 것을 확신하게 되었다. 나는 어찌할 바를 몰라 당황 어색해 하다가 나중에는 그녀를 향해 어설프게나마 웃어주었다.

요즘 다니는 체육관에서 나는 오늘도, 인사는 없었지만 안면 있는 사람들과 애써 눈을 피하며 운동을 했다. 그러다가 어느 순간 거울 속의 나를 보고 깜짝 놀랐다. 딱딱하게 굳어 있는 표정이 정말 내가 싫어하는 어떤 분위기를 풍기고 있었다. 지하철 속에서, 엘리베이터 속에서 가끔 마주치는 저승사자 같은 표정의 중년, 내가 바로 딱 그 모습이었다.

돌아가신 아버지의 주요 레슨 중의 하나가 "자신에게는 가을서리처럼 엄하게, 다른 이들에게는 봄바람처럼 따뜻하게 대하라(지기추상持己秋霜, 대인춘풍對人春風)"는 것이었는데, 50여 년을 살아온 아들의 얼굴이 이처럼 딱딱하게 생겼다니, 아버지가 봤으면 한 소리 했을 것 같다.

텍사스에서 만났던 그 소녀의 미소는 나 같은 표정 없는 사람도 웃게 만들었다. 나는 지금도, 어떤 사건과 관련해서 미국에 대해 분노할 때 그 소녀의 환한 미소가 떠오르면 화가 조금은 가라앉는 것을 느낀다.

표정을 좀 바꿔야겠다. 한국을 친절한 나라로 만들 수는 없겠지만 내 주변이라도 부드러운 곳으로 만드는 데 일조해야겠다. 아니지, 좀 더 겸손하게, 주변을 더 딱딱하게 만들지는 말아야지. 무엇보다 내 스스로 싫어하는 표정을 내가 평소에 짓고 있다는 것이 불만이다.

내일은 체육관에 가서 눈이 마주치는 사람과는, 나이 성별을 불문하고 내가 먼저 미소를 보내야겠다. 잘 될까? '늙은 말에게 새로운 재주를 가르치기가 무척 어렵다' 는 말도 있는데…….

60을 바라보는 나이에도 바꿔야 할 것이 참 많다.

칭찬, 지적 그리고 열기熱氣

요 며칠 사이, 내 블로그의 글들에 대한 긍정적인 언급들을 직간접적으로 몇 번 들었다. 지나고 나서 생각해보니 그 칭찬의 내용이 구체적이고 정교하지 않은 것으로 봐서 그저 '외교적인' 인사성 발언일 수도 있지만, 듣는 그때에는 기분이 좋았다. 내가 인정하는, 지적인 능력을 가진 이들이 하는 내 글에 대한 평評에 내가 은근히 신경 쓰고 있다는 것을 자각한다.

'칭찬은 고래도 춤추게 한다'는 말이 있던데, 그 고래의 춤에 나의 글쓰기도 해당하는 것일까? 주변의 반응은 알게 모르게 나의 마음을 자극해 작문 욕구를 부채질하는 것 같다.

며칠 전 어머니 댁에 갔을 때, 같이 TV를 보던 형의 말이 재미있었다. TV화면에는 권투 세계챔피언전이 중계되고 있었는데, 싸움에 꼭 필요한 근육만 가진 두 사람이 세련된 주먹질을 하고 있었다. 형이 나에게 〈영웅의 탄생〉이란 프로를 아느냐며 “거기 나오는 동네 쌈꾼들과 여기 프로 권투선수들과의 사이에는 큰 차이점이 있는데, 알겠냐?”고 물었다. 그러면서 “네 글과 하림(지금 미국에서 소설쓰기를 공부하고 있는 큰딸)의 글 사이에도 딱 그런 차이가 있을 것만 같다”고 나를 놀렸다.

그럴듯한 말이라고 생각했다. 어느 분야나 집중적인 훈련은 사람을 크게 달라지게 한다. 나는 지난번 이목사의 딸 연두 – 초등학교 2학년으로 학교에서 탁구부 활동을 하고 있다 – 와의 탁구경기에서 완패完敗한 적도 있다.

글쓰기에 있어서도, 탁구나 격투기에서처럼, 제대로 된 훈련을 받은 사람과 그렇지 않은 이들 사이에 결정적인 질적 차이가 생기는 것일까? 어떻게 생각하면 작문에 있어서는 꼭 그렇지만은 않을 것 같다. 기성작가들이 쓴 글이라 해도 모두가 감동적인 것은 아니고, 아마추어의 작품도 심금을 울리는 것들이 있지 않은가? 그리고 프로선수들의 숙달된 깨끗한 동작보다 풍차 날개가 돌아가는 것처럼 팔을 돌리며 달려드는 동네 쌈꾼들의 조잡한 몸짓이 더 재미있을 때도 있다. 그렇지 않은가?

어쨌든, 칭찬이든 지적이든 혹은 조롱이든, 나에 대한 새로운 관심들은 내 마음속에 열기를 만들어내고 있다. 그리고 그것은 나의 블로그 활동에 기인하고 있다. 이것이 아니면, 50대 후반의 소를 키우는 내가 구경꾼이 아니라 눈부신 조명 속의 링 위에서 관중의 환호를 받는 선수 같은 기분을 어디서 느낄 수 있겠는가?

봄인가?

드디어 어제 감나무 전지작업을 끝냈다. 이제 밭에 펴놓은 퇴비를 살포하고 나면, 우리 집 감나무 밭은 봄맞이 준비가 완료되었다고 할 수 있다.

이번 겨울은 치질수술 그리고 체육관 운동으로 인해 나의 밭일하는 시간이 예년에 비해 줄어들었다. 내게 있어서 짐승들 돌보는 일 외의 다른 것들은 우선순위에서 밀려 제때 처리되지 못한 경우가 좀 있다. 나무 전지작업도 그 중 하나인데, 어제 감나무 일을 끝내고 다른 것들을 살펴보니 소나무 호두나무 등등 여러 곳에 손볼 일이 많았다. 산수유나무는 뻗은 가지들이 차로를 침범하고 있는 채로 꽃이 피었다.

제법 많은 가지들을 잘라냈다. 나뭇가지를 칠 때는 과감해야 한다. 몇 발짝 떨어져서 수형을 보고, 정리해야겠다고 생각되는 것들을 일단 결정하면 달려들어 확실하게 마음먹은 대로 실행해야 한다. 나무를 자르는 중간에 아까운 생각이 들어 베어내야 할 것을 베지 못하고 놓아두면 대개는 나중에 보람이 없다. 물론 한번 잘라낸 나뭇가지는 다시 그 자리에 붙일 수 없기 때문에 신중할 필요가 있다.

이제 막 꽃이 피기 시작하는 산수유 가지 여러 개를 잘라냈다. 베어낸 노란 꽃들이 달린 가지들을 땅바닥에 던지는 내 마음이 약간 불편했다. 한 생명이 미래를 준비하는 열정의 순간을 짓밟는 것 같아, 죄의식 비슷한 느낌이 들기 때문이다. 아직 알을 낳을 수 있는 암탉을 잡을 때도 유사한 기분이었던 것 같다.

나무들 가지마다 이미 물이 차올랐다. 땅에는 이름도 모르는 작은 야생화들이 보이고 쑥도 이미 새순을 내고 있다. 소리 없는 아우성이 온 천지에 가득하다.

이웃에서 찾아 온 발정 난 암캐를 보고 같이 어울리고 싶어 법석을 떠는, 우리에 갇혀 있던 수캐 '보리'를, 아까의 '산수유 느낌'도 아직 마음에 남아 있고 해서 풀어주었다. 수캐는 사방 군데에 오줌을 갈기며 암캐와 함께 신이 나서 뛰어다녔다.

나에 대한 추도사

잘 아는 한 사람이 수필집을 책으로 냈는데, 그 속에 본인이 쓴 본인에 대한 추도사가 있었다. 자신의 아내가 자신의 장례식에서 말하는 상황을 설정하고 쓴 글인데, 내용이 재미도 있고 여러 가지 생각들을 불러일으킨다.

나는 나의 죽음 후의 일은 잘 언급하지 않는다. 물론 상상해볼 때도 어쩌다 한 번씩 있기는 하지만, '그때는 이미 나의 세상이 아닐 것인데 생각하면 뭘 해?' 하는 마음에 애써 상념을 털어버리곤 한다. 하지만 곰곰 생각해보면, 자신에 대한 추도사를 고려해본다는 것은 현재 자기의 모습과 마음가짐을 돌아보는 좋은 계기가 될 수도 있겠다. 특히 나의 삶에 대한 아내의 총평을 상상해보는 것은 흥미롭다.

그 수필작가는 자기의 모습을 거의 완벽한 성인聖人같이 묘사하고 있다. 남편으로서 자상하고 성실했으며 자식들이나 부모 그리고 주변사람들에게도 헌신적이었고, 직장에서는 일관되게 애국심에 입각해서 불철주야 노력했다고 썼다. 또 유쾌한 사람이어서 어느 곳이거나 그가 있으면 분위기가 화기애애하게 변했다며, "죽음조차도 유쾌하게 받아드렸을 것"이라고 아내가 말하기를 바라고 있다.

'조금 심한데……' 하는 마음이 들었지만, 이것들은 자신의 희망사항 또는 스스로에 대한 다짐 같은 것이라고 생각하니 이해가 되었다. 하지만 다음에 만나게 되면 좀 놀려줄 건수가 생긴 것 같아 웃음이 나왔다. 그런데 내게 가장 재미있는 부분은, 그의 아내가 "저도 천국에 가면 다시 그의 따뜻한 사랑을 받아보고 싶습니다"라고 말하기를 바라는 구절이었다. 다시 말해 다시 태어나도 아내가 자기를 사랑하기 바란다는 말인데, 내 경우와 비교해보면 과해도 많이 과한 희망사항인 것 같다.

나는 갑자기 내가 쓰는 내 삶에 대한 이야기보다 '나의 아내가 나에 대한 추도사를 쓴다면 무슨 내용을 넣을까?' 하는 점에 관심이 생긴다. 아마도 그녀는 공식적인 자리에서 추도를 한다면, 그 경우가 내 인생도 인생이지만 그녀 자신의 자존심도 걸려 있을 것이기 때문에 나를 근사한 모습으로 묘사할 것이다. 글도 많이 써본 사람이라 앞에 말한 수필가의 추도사 못지않게 휘황찬란하게 나를 포장할 가능성이 있다. 하지만 그녀의 진짜 마음은 어떨까?

나는 내가 그녀의 자유로움에 많이 거치적거리지 않았기를 바란다. 혹시 그랬다고 생각한다면 그것이 나의 본의는 아니었다는 것을 이해해주면 좋겠다. 그러나 이것조차도 물론 나의 희망사항이라는 것을 나는 안다.

내가 사라지면 처음에는 좀 시원섭섭하겠지? 어쩌면 남편 죽은 후에 살이 쪘다는 옆집의 노인들처럼 그녀도 체중이 좀 불을런가? 그러나, 확신하건대, 자기관리에 철저한 그녀니까 운동을 하든지 식사를 줄여서 금방 다시 날씬해질 것이다.

시간이 좀 흘러 밥상에 혼자 앉아 식사하면서 '있을 때는 몰랐는데 그래도 없으니 좀 심심하네……' 하고 궁시렁거릴까? 아니면 밤중에 밖에서 개가 요란하게 짖을 때 깨워서 나가보게 할 사람이 없는 것을 알고 나를 아쉬워하며 생각할까?

영어공부와 글쓰기

내 나이 50쯤 되었을 때, 그러니까 지금부터 약 7년 전에 나는 10년 후 계획을 세운 적이 있다. 10년 후 그러니까 내가 60쯤 되면 영어와 국어작문 선생을 해보겠다는 것이었다. 봉사를 할 것인지 혹은 학생을 모아 돈을 받고 가르칠 것인지에 대해서 구체적인 결정을 하지는 않았지만, 일단 그 두 가지 과목의 선생을 할 수 있는 충분한 실력을 기르겠다는 다짐을 했다. 한 10년 열심히 노력하면 이 두 가지 분야에서 제법 자유로운 경지에 이를 수 있을 것이라고 확신 같은 희망을 했다. '구름 속에 있는 것 같은 답답함을 벗어나 이치를 환하게 볼 수 있는 마스터master의 수준에 오르면 얼마나 속이 후련할까?' 하고 상상하며 즐거워하기도 했다.

그 후 나는 날마다 영어책을 보았고 매주 배달되는 『Time지』 그리고 뉴욕타임스 인터넷 판을 꾸준히 읽었다. 돌아보면 나름대로 성실하게 공부를 했다고 할 수 있다. 특별한 일이 없는 한 날마다 새벽에 2~3시간은 영어로 된 글을 읽었다. 늘어가는 나이와 함께 기억력이 나빠질 것을 감안해서, 단어쪽지를 주머니에 넣고 다니면서 기회만 있으면 꺼내보았다. 지금도 축사에서든 헬스클럽에서 자전거를 탈 때든 장소를 가리지 않고, 나는 습관적으로 호주머니에서 단어쪽지를 꺼낸다.

선생을 하겠다고 말할 때 실력을 입증할 수 있는 근거를 마련하기 위해 작년에는 TEPS시험을 보기도 했다. 점수가 900점 이상이 되면 그런대로 증명이 될 수 있다고 생각하고 준비를 해서 시험을 두 번이나 보았지만, 리스닝Listening이 엉망이어서 800점 정도에 그치고 말았다. 독해점수는 90%가 넘었다는 점을 작은 위안으로 삼았지만 어쨌든 실망스런 결과였다. 특히 리스닝 준비를 열심히 했는데도 진전이 별로 없었다는 점이 스스로를 맥 빠지게 했다.

글쓰기 역시 착실하게 연습하고 있다고 할 수 있다. 몇 년 전까지는 아이들에게 편지 쓰기를 많이 했다. 큰 아이와 주고받은 이메일들을 모아 3년 전에는 책으로 만들어 출판하기도 했다. 그 후에도 스스로 글 쓰는 사람이라는 자의식 속에 이것저것 기록하고 있다. 이 부분도 선생을 하기 위해서는 증명 같은 것이 필요할 것 같아서, 60세가 되기 전에 책을 한 권 내 이름으로 낼 계획도 하고 있다. 여담이지만, 내가 저자로 되어있는 책을 주변 사람들에게 선물로 주면 받은 사람의 태도가 확연히 달라지는 경우가 종종 있다. 나를 평소 아저씨라고 부르던 사람들이 선생님이라고 바꿔 부르기도 한다. 좀 어색하고 간지럽지만 재미도 있다.

이제 60살이 되기까지 3년이 채 남지 않았다. 중간 점검을 해보면, 글쓰기에 있어서는 맞춤법과 띄어쓰기에 문제가 있어 고칠 점이 좀 있지만, 생각만 분명하면 글로 표현할 수는 있을 것 같은 자신감이 약간 생겼다. 요는 '생각이 있느냐?' 하는 점이다. 이 부분은 작문기술이라기보다는 비판력을 바탕으로 독서와 사색을 하면서 죽을 때까지 신경 써야 할 문제일 것이다.

그러나 영어는 문제가 간단치 않다. 영어로 된 글을 해석할 수 있을 뿐, 듣기 쓰기 말하기를 잘 못한다면 어떻게 좋은 선생이 될 수 있겠는가? 지나간 7년을 돌아보며 앞으로의 3년을 예상해 볼 때, 어떤 획기적인 변화가 있을 것 같지 않다. 어쨌든 기존의 방법으로는 목표에 도달할 수 없다는 것이 확실하다.

영어를 모국어로 하는 이들과 전화통화 같은 것을 해볼까? 그렇게 하면 그 사람에게 내가 쓴 영어작문도 메일로 보내 체크해 달라고 할 수도 있을 것이다. 나쁘지 않은 생각 같다.

* 나는 얼마 전부터 체육관에서 만나게 된 원어민 영어선생과 일주일에 한 번 만나서 1:1로 영어 말하기 훈련을 하고 있다.

또 목련이 피네

오늘 아침에는 제법 강도 높은 노동을 했다. 거의 한 달 동안 감나무 밭에 방치해 뒀던 퇴비(소똥)더미를 처리하는 일인데, 어제 오후에 시작했으니까 오늘이 작업 둘째 날이다. 삽으로 퍼서 수레에 싣는 것도 땀나는 일이지만 울퉁불퉁한 바닥 위에서 그것을 끌고 가는 것도 쉽지 않다. 약 두 시간쯤 일하고 나니까 속옷이 척척하게 젖는 느낌과 함께 다리가 좀 후들거렸다. 허리도 아팠지만 겨울에 헬스클럽을 착실하게 다닌 덕인지 병적으로 고통스럽지는 않았다.

토방 의자에 한참을 앉아 쉬었다. 맑은 하늘은 아니지만 공기는 따뜻해서 외투를 벗고 있는데도 편안한 졸음이 왔다.

밖에 오랫동안 있다 보면 평소에 보지 못했던 소리와 풍경들을 듣고 보게 된다. 며칠 전까지 봉오리로 있던 수선화들이 활짝 피었다. 멀리서 오는 농기계 소음도 들리고, 집안 이곳저곳에서 나는 새

소리도 꽤 소란하다.

자세히 보니 정면에 보이는 목련이 수백, 수천 송이의 꽃봉오리들을 달고 있다. 지금이 3월 말이라는 것을 새삼스럽게 깨닫는다. 작년 저것들이 필 때, 당시 의학전문대학원 입학시험을 준비하던 조카 하정이를 생각하며 시를 한 수 썼던 것 같은데, 그때로부터 벌써 일 년이 지났나? 그녀는 이미 의전원 학생이 되어 바쁘게 학교에 다니고 있는데 저것들은 그때 그 자리에서 같은 모습으로 폼을 잡고 있다. 아슬아슬한 계절에 피는 저것들을 보면 내 마음도 덩달아 조마조마해져서 간절한 소망 같은 것을 떠올리게 된다.

눈에 보이는 수십 수백 그루의 나무들이 모두 내가 아내와 직접 심은 것들이다. 십 수 년이 지나 어떤 것들은 거목이 되어 여름에는 깊은 그늘을 드리우기도 하는데, 그것들을 보면서 나는 피조물을 보는 조물주의 기분 같은 것을 느끼기도 한다.

그러나 지금처럼, 나의 의지나 바람과는 무관하게 때가 되면 피고 지고 열매를 맺는 나무들을 보고 있으면, 심은 사람은 나지만 저것들은 나와 관계없이 자연의 일부로 홀로 서 있다는 것을 실감한다.

며칠 전에 지금 미국에서 소설쓰기 공부를 하고 있는 큰 아이가 과제물로 썼다는 긴 시 한 수를 보내왔다. 발표했을 때 동료학생들과 교수로부터 호평을 받았다는 영어로 쓰인 시를, 나는 그동안 갈고닦은 영어실력 덕분에 쭉 읽을 수는 있었지만, 평가할 수 있는 이론이나 지식은 내게 없다. '아이는 이미 내가 모르는 곳에서, 나 없이도 홀로 잘 살고 있구나' 하는 생각에, 화사한 자태를 뽐내며 혼자 서 있는 피조물들인 꽃나무들과 내 아이들이 겹쳐 보인다.

안철수

안철수를 비판하는 글들이 제법 독하다. 평소 그에게 비교적 우호적이었던 k신문만 보더라도 '혼수상태', '신당창당은 밀실에서 뚝딱 합의했다', '6·15, 10·4 남북선언은 정강에서 삭제한다고 했다가 여론의 지탄을 받자 몰랐던 일이라고 오리발을 내밀었다' 등등 그를 표현하는 말속에 제법 날카로운 가시가 들어 있어서, 그를 상당히 아프게 할 것 같다. 특히 그의 파派 내에서 2인자쯤 되어 보이던 윤여준이 그를 향해 거짓말쟁이라고 원색적으로 비난했던 사건은 내 기억 속에 역겨운 장면으로 기억되어 있다.

나의 투표성향은 그가 하는 이야기와 다르지만 나는 한 개인으로서 그의 정치행보를 관심을 가지고 바라보고 있다. 많은 그럴듯한 삶의 기회들을 뒤로하고 과감하게 정치에 뛰어든 그의 열정과 결단력에 나는 감탄하며 경의를 보내기도 했다. 그가 압도적인 인기를 한몸에 지녔었지만 박원순에게 서울 시장후보를 양보했을 때, 여야 구분 없이 그의 눈치를 보며 구애의 사인을 보냈지만 의연하게 독자적인 길을 선택했을 때, 나는 그의 정치입문 동기에 사심이 없음을 믿었고 행운을 빌었다.

그가 민주당과 합당하고 그 과정에서 몇 번의 '헛발질' 을 하면서 인기가 많이 떨어졌다는 지금도, 그에 대한 나의 기대와 관심은 변함이 없다. 오히려 역경 속에서 상처 입으며 분투하는 그의 모습은 더 큰 흥미를 불러일으킨다. 사실 나는 그의 투쟁을 한국정치문화의 현주소를 확인할 수 있는 '리트머스시험지' 처럼 생각하며 바라보고 있다.

다른 여러 분야에서 크게 성공했다지만 정치에는 완전 초보였던 한 교수가, 정당이나 다른 유력자들의 힘에 기대는 것이 아니라 스스로 세력을 만들어 세상을 개혁하겠다고 나섰다. 그가 내세우는 상식이니 정의니 하는 주장들은 새롭다고 할 것이 없지만 '정직하고 착한 안철수의 이야기' 는 특별한 것이었다.

어찌어찌해서 그는 이제 민주당과 합당한 후 야당의 대표가 되어 정치를 하고 있다. 그리고 그 와중에 군데군데 상처를 입었다. 손호철(서강대 교수)은 그가 합당을 밀실에서 결정했다며, 그것을 그가 말하는 새로운 시대의 새 정치라고 한다면 소가 웃을 일이라고 조롱한다. 박상훈(도서출판 후마니타스 대표)이라는 이는 그의 기초선거

정당공천폐지 입장을 잘못된 약속을 지키려는 것이라며, 자해적 정당혁신론이라고 비판한다. 신당의 지지율은 20%대로 추락했다고 한다.(박래용 경향신문 정치부장)

얼마 전에 큰 아이가 보내온 영시는 연어의 길고 험난한 여정을 묘사한 것이었다. 먼 바다에서부터 수 천리를 헤엄치며 숱한 위기를 넘기고 역경을 헤치고 나아가 강물을 거스르며 기진맥진하지만, 결국 목표한 곳에 이르러 알을 낳고 죽는 물고기의 이야기가 안철수를 생각나게 한다. 시時속의 연어는 몸이 뒤틀리고 색깔까지 바뀌며 탈진하지만 목표했던 알 낳는 일을 마치고 숨을 거둔다.

한국의 안철수는 어떨까? 현실의 지독함이 뼛속까지 느껴지나? 펀치들을 맞아보니 견딜 만한가? 열정은 아직 살아 있나?

목적지에 도달하기도 쉽지 않겠지만, 그곳에 이를 경우 초심과 일할 수 있는 힘이 아직 남아있기를 나는 바란다. 한가지, 위로가 될지는 모르겠지만, 손호철이나 박상훈 혹은 나 같은 사람들은 '안전한' 글 속에서 이러쿵저러쿵 말들을 하지만 실제로는 감히 세상의 소용돌이에 뛰어들어 개혁에 앞장서지 못하는 사람들이다. 다른 이들은 모르지만 적어도 안철수의 모험을 바라보는 내 마음 한 구석에는 부러움과 감탄도 들어있다.

시

4월

– 하현의 생일날

목련은 이제 지고
수선화는 아직 버티고
홍매紅梅는 꽃은 가고 잎이 난다.

올해는 동백이 좋다.
한쪽에 소리 없이 피어
잎새에 숨어 수줍게 바라본다.

독특한 개성, 불타는 정열
싱싱한 붉음이 '누구'를 닮았다.

감나무 가지마다 새싹이 반짝거린다.
은행, 모과, 호도, 단풍……
살아 있는 모든 것들이 기지개를 켠다.

재미있는 순간들

며칠 전 모 대학의 교수로부터 나를 '특강 강사로 초청하고 싶다' 는 제의를 받았다. "〈자기이해와 진로설계〉라는 과목인데 신입생들에게 용기를 북돋아줄 수 있는 일반적인 이야기를 해 줄 수 있겠느냐?"는 문의였다. 몇 년 전에 내가 큰 애하고 같이 출판했던 책을 보고 이런 결정을 하게 되었다는 그 교수는 내가 만나본 적이 없는 사람이다.

'생각해 보겠다' 며 전화를 끊고 진짜 생각을 해보았다. 100명쯤 되는 수강생들을 앞에 두고 연단에 서서 약 1시간 동안 이야기하는 상황을 그려보며 가장 먼저 드는 생각은 '내가 떨지 않고 하고자 하는 말을 효과적으로 전달할 수 있겠느냐?' 는 점이었다. 강의 내용은 내가 평소에 조카들이나 딸들에게 하고 싶었던 말을 정리하면 될 것 같았지만, 생소한 곳에서 많은 사람들을 대상으로 과연 내가 제대로 강사 역할을 할 수 있을 것인가에 대해서는 좀처럼 자신감이 생기지 않았다.

벌써 한 3년 지난 것 같은데, 나는 큰 애의 외교안보연구원 연수 수료식 때 학부형대표로 짧은 연설을 한 적이 있다. 거의 한 달 동안 원고를 완전히 다르게 두 번을 써가며 준비를 하고 갔지만, 연단으로 나갈 때 그리고 연설문을 읽어 내려갈 때 가슴이 졸아들었던 생각을 하면 지금도 맥박이 빨라지는 것 같다.

하지만 식이 끝나고 여러 사람들로부터 "좋은 내용, 잘 들었다"는 말을 들으면서, 그리고 그 후 딸아이 동료들이 나의 연설 들은 것을 좋은 경험으로 기억한다는 말을 듣고 나는 기뻤다. 그 부담스런 준비과정, 떨렸던 순간 등 모든 것이 재미있었던 추억으로 변했다.

나는 아내와 이 문제를 상의한 후 그 교수에게 전화해서 특강을 하겠다고 했다. 젊은 청년들과 대화하기를 평소 좋아하기도 하지만 무엇보다 나는 과거의 그 떨림을 다시 맛보며 나의 발전한(?) 모습을 확인하고 싶다. 그리고 준비 부담과 무대공포 때문에 참신한 일상의 일탈일 수 있는 기회를 포기한다면 나중에 후회할 것만 같았다. 또 한 가지, 내가 나의 아이들에게 이런 상황에서 어떻게 하기를 바랄지를 상상해보면 결론은 자명하다.

나는 그날까지 일주일쯤 남은 지금, 나에게도 학생들에게도 그리고 나를 초청한 그 교수에게도 좋은, 재미있는 시간이 될 수 있도록 강의를 준비하겠다고 마음먹고 머리를 굴리고 있다.

외교관과 예술

안녕하십니까? 박하림의 아빠 박우식입니다. 나는 전남 나주의 시골 마을에서 소를 키우고 감나무 과수원을 운영하는 농부입니다.

나는 오늘 여러분들에게 이 지구상에서, 한국사회에서, 몇 십 년 더 오래 살아온 사람으로서 한 가지 생존 비법에 대해 말하고자 합니다.

먼저, 묻고 싶습니다. 연수생 여러분 모두가 어렸을 때부터 얼마 전까지 '한 공부' 하는 수재로 주위로부터 칭찬과 부러움의 시선을 받았을 것입니다. 고르고 또 골라진 외무고시 합격생 집단인 지금 이곳에서도 여러분은 여전히 빼어난 능력으로 주목받는 스타인가요? 아니면 모두가 우수한 동료들 속에서 갑자기 평범해진 자신을 발견하는가요?

자신의 자존심을 오로지 성과performance에 근거하고 남들과의 비교를 통해서 그것을 확인하는 이들의 정서적인 문제에 대한 글을 얼마 전에 읽었습니다. 잘 나갈 때는 별 일이 없지만 실패에 부딪혀 좌절할 경우 심각해질 수 있다는 이야기였습니다. 자랑할 만한 등수나 소득을 유지할 때는 기세등등하다가 실직을 하거나 어떤 경쟁에서 패배했을 때 과도하게 의기소침해서 재기하기 어려운 상황에 빠진다는 것입니다.

요즘 세상의 누구에게나 있을 수 있는 이 문제에 대한 해법의 하나로, 나는 여러분들에게 성적이나 업무와 직접 관계가 없는 어떤 것들에서 즐거움을 찾는 노력을 하기를 권합니다. 시를 쓴다거나 음악 미술 또는 다른 취미 활동도 좋습니다. 비교를 필요로 하지 않는, 그 완벽함을 추구하는 것 자체가 기쁨인 것들이 세상에는 있습니다. 미美 즉 아름다움, 도道 또는 선禪 같은 이름으로 불리는 것들이 그런 것들입니다.

이러한 노력과 활동은 그 자체로도 희열과 기쁨이지만 누구에게나 찾아오는 좌절, 위기의 순간을 유연하고 미래지향적으로 극복하는 데 큰 도움이 될 것이라고 생각합니다. 이런 활동은 자신의 현재를 객관적으로 바라볼 수 있는 여유를 줍니다.

여러분들은 이제 조직의 일원으로 본격적인 활동을 눈앞에 두고 있습니다. 세상은 항상 정의롭고 논리적인 곳이 아닙니다. 악惡은

근절될 수 있는 것이 아닙니다. 왜냐하면 그것은 우리 인간의 한 부분이기 때문입니다. 그것과 더불어 살면서 그것을 적당하게 조절하고 통제해서 견딜 만하게 유지하는 것이 우리의 일이라고 생각합니다. 바로 여기에 균형과 조화를 추구하는 우리의 미美적인 감각이 필요합니다.

미美나 도道를 추구하는 모든 활동은 궁극적으로 같은 곳을 지향한다고 합니다. 꺾꽂이 유도 미술 음악 등등의 모든 활동이 결국은 삶 자체를 완벽한 예술로 만들기 위한 수단들일 뿐이라는 어떤 선禪 고수의 말에 나는 동의합니다. 바로 이 부분, 우리는 모두 삶의 예술가라는 점에, 소를 키우는 나와 외교관인 여러분들 사이의 공통점이 있다고 생각합니다.

나의 개인적인 경험 하나를 소개하겠습니다. 나는 몇 년 전부터 '유행가 가사쓰기'를 시도하고 있는데, 이것이 아주 재미있습니다. 아내나 딸들로부터 아직 좋은 평을 듣지는 못하고 있지만, 그 작업에는 설명할 수 없는 기쁨이 있습니다. 〈나가수〉의 김범수나 윤도현이 내가 쓴 가사로 노래하는 것을 상상해보는 것도 재미있습니다.

직업적인 스트레스를 극복하기 위한 방안으로서의 예술이라는 말은 어쩌면 본말이 전도된 것일 수도 있습니다. "의학 법학 경영 등은 의미 있는 일들이고 삶을 유지하기 위해 필요하지만, 시나 아름다움 낭만 사랑은 우리 삶의 목적이다"는 영화 〈죽은 시인의 사회〉에 나오는 키팅의 대사를 그럴 듯하다고 생각하며 들었던 기억이 있습니다.

어찌되었든 나는 여러분들이 외교관이자 예술가가 되기를 바랍니다. 이 두 가지가 서로 균형을 이루면서 여러분은 더욱 매력적이고 성숙한 인간, 그리고 우리 모두가 바라는 진정한 리더가 되어 갈 것이라 믿습니다.

애국의 정열과 21세기의 지식으로 무장한 외교관들 앞에서 연설할 기회를 갖는 것은 큰 영광이기도 했지만, 그것을 위한 준비는 상당한 부담이었습니다. '딸에게 하고 싶은 말을 여러 사람들 앞에서 하는 것일 뿐이다' 고 혼자 중얼거리면서 부담에 맞섰습니다.

좋아하는 청년들이 변화 발전해 가는 것을 지켜보는 것은 큰 기쁨입니다. 건투를 빕니다. 경청해 주셔서 감사합니다.

* 이 글은 2011년 12월 16일, 외무공무원 연수 수료식에서의 내가 학부형 대표로서 앞에 나가 읽은 연설문이다.

대학에서의 특강

어제 나의 전남대학교 농과대학에서의 특강은 돌발사건 없이 끝났다. 한 시간 강의 분량의 원고를 며칠 동안 들고 다니면서 소리 내어 읽고 외웠던 시간들이, 하룻밤이 지난 지금 벌써 옛날 일처럼 까마득하게 느껴진다. 어쩌면, 어제 집에 돌아와서 한 번이 아니라 여러 번 잠을 잤기 때문일까?

원고는 전에 블로그에 썼던 「대학생 조카들에게(1-5)」를 기초로 A4 용지 7장을 거의 꽉 차게 대화체로 작성했다. 지난 수요일에 완성한 것을 아내가 보고 이것저것 의견을 제시해서 그것을 참고로 수정한 것이 지난 목요일이었다. 그 후로는 그 원고를 이방 저방 들고 다니면서 연기인처럼 시간을 체크해가며 아무도 없는 허공을 향해 소리 내어 읽었다.

어제는 새벽 3시 반에 일어나, 방에서 혼자 원고를 들고 마지막

쇼를 한 후, 목욕 면도 등을 하고 6시쯤에 식사를 했다. 한 시간 가량 닭장과 축사에서 일을 한 후 내려와 출근 시간대에 차가 막힐 것을 예상하며 일찌감치 집을 나섰다.

광주 쪽에서 시외로 나오는 차들은 많았지만 도시로 들어가는 방향은 소통이 원활해서 나는 목표시각보다 40분이나 일찍 나를 초청한 한교수의 연구실이 있는 건물 앞에 도착했다. 과거 아버지의 연구실이 있었던 농대와 수의대 건물 등 주변을 돌아보며 시간을 보냈다.

강의 시작 20분쯤 전에 한교수를 만나 그의 방에서 잠시 이야기를 나눈 후 강의실로 같이 갔다. 그곳은 예상했던 작고 아늑한 공간이 아니라 천정이 높고 무대가 있는, 수 백석 규모의 극장을 연상케 하는 큰 홀이었다. 학생들이 앉는 의자들은 요즈음의 영화관 객석처럼 안락한 쿠션이 있었고 깨끗한 붉은 색이 고급스러워 보였다. 마이크를 통해 나오는 한교수가 나를 소개하는 말이 깨끗하게 들리는 것으로 보아서, 오디오 시스템도 아주 좋아 보였다.

강의는 의외로 순조로웠다. 강의실에는 연사가 보기에 아주 편리한 곳인 학생들 뒤쪽 벽에 큰 시계가 걸려 있어서, 시간 체크용으로 염두에 둔 휴대폰은 들여다볼 필요도 없었다. 많이 긴장하며 떨게 될 것을 걱정했지만 몇 마디 하고나니 기분이 편안해짐을 느꼈다. 외웠던 문장들도 잘 떠오르고, 강의 진행 상황도 계획했던 시간과 거의 맞아 떨어졌다. 시간이 지나면서 자신감이 생겨 예정에 없던 사례도 몇 개 집어넣어 말했던 것 같다. 공대 다니는 조카 재인이가 앉아서 듣고 있는 것도 보였고, 마이크를 통해 들리는 나의 목소리도 나쁘지 않다고 생각했다.

그렇지만, 강의하는 나는 스스로의 퍼포먼스에 대해 그런대로 만족했지만, 수강생들 모두가 그렇게 생각하지는 않는 것 같았다. 약 100명쯤 되는 청중들 중에서 30% 이상은 잠을 자거나 스마트폰 장난을 했다. 감탄이나 웃음을 기대했던 곳이 몇 군데 있었지만 모두 밋밋하게 지나간 것으로 보아, 강사와 청중은 같이 호흡하지 못하고 따로 놀았던 것 같다. 제일 앞줄에서 후드를 뒤집어쓰고 거의 처음부터 끝까지 본격적으로(?) 잠을 잔 학생에게 '왜 자느냐?' 고 묻고 싶은 마음이 굴뚝같았지만, 웃는 얼굴을 끝까지 유지하며 강의를 끝냈다. 신기한 것은 내 강의가 끝나자마자, 잠자고 있던 학생들 모두가 바로 잠에서 깨어났다는 것이다.

특강 제의를 받은 후 어제까지 거의 열흘 동안은, 나에게 있어서 제법 긴장감 높은 시간이었다. 새로운 경험이었고 재미도 있었다. 학과 조교가 통장번호를 물어본 것으로 보아서 아마 강의료를 받게 될 모양이다. 내가 말을 하는 대가로 돈을 받다니 진짜 신기하다.

시제時祭

내가 '전사典祀' 였던 올해 우리 문중門中의 시제時祭가 어제 있었다. 이 임무를 맡은 작년 요맘때부터 1년 동안, 알게 모르게 부담으로 느꼈던 이 책임으로부터 벗어난 지금 나의 마음은 홀가분하면서도 한편으로 엉킨 실타래처럼 정돈되지 않은 채 마음속에 찜찜하게 남아있는 것들이 있다.

과거에 당번이었던 사람들은 제사음식을 자기 집에서 손수 준비했지만, 나는 전문 가게에 미리 주문해 두었다가 어제 아침에 찾아가지고 갔다. 아내는 나와 따로 움직이며, 일을 도와 줄 아주머니 두 명을 시내의 약속장소에 가서 태우고 와야 했다. 이 두 가지 일 모두, 내가 아는 한, 우리 집안에서는 새로운 일이다.

"조상들에게 드리는 먹을 것을 후손들이 직접 정성들여 준비해야 한다"는 말을 과거에 어른들로부터 들은 바도 있어서 나는 꺼림칙

한 마음으로 돈을 들고 가게를 찾았다. '주문해서 만들었다는 것을 다른 이들이 알지 못할 수도 있다' 는 나의 희미한 희망은 포장 박스마다 붙어 있는 '○○차례상' 이란 상호 스티커를 보는 순간 산산조각이 났다.

'○○차례상' 은 유명한 곳인지 가게 앞에는 자동차들이 줄지어 서 있었고, 안에는 거의 백만 원에 가까운 비싼 값의 포장된 음식들이 수 십 세트 쌓여 있었다. "지난 주말에도 오늘처럼 이렇게 손님이 많았느냐?" 는 나의 질문에, 바쁘게 움직이던 3~4명 청년들 중 하나가 "지난 일요일은 오늘보다 3배는 많았다" 고 답했다. '나 외에도 많은 이들이 이처럼 시제음식을 주문해서 사용하는구나' 하는 생각에 불안감이 약간 가시는 느낌이 들었다.

우리는 음식과 도와줄 사람들을 싣고 고향 마을 제각에 9시쯤 도착해서 열심히 진설을 준비했다. 시간이 가면서 친척들이 한 사람 두 사람 왔지만 역시, 예상한 대로, 남자들만 왔다. 언제부터인지, 당번이 아닌 집의 여자들은 오지 않는다. 지금 돌이켜 생각해보면 20년 전에도 그랬던 것 같다. 여자들은 혹시 고향 집에 내려와 있더라도 제사를 지내는 제각에는 나타나지 않는다.

이유는, 확신하건대, 여자들이 제사 때 존중받지 못하기 때문이다. 그들은 제례에 참여도 하지 못하고 음식 준비나 설거지 등 하찮은 일만 하게 된다. 요즈음 한국 핵가족 안의 강력한 여권女權을 생각해보면, 그들이 이런 불편하고 모욕적인(?) 상황을 어색하게 느끼고 기피하리라는 것은 쉽게 상상할 수 있다.

일부 사람들이, 아내가 데려온 도우미 아주머니들을 보고 "누구냐?"고 물으며 "도울 사람이 필요하면 연락하지 그랬냐?"고 말했지만, 그것이 별 의미 없는 인사치레라는 것을 나는 잘 안다.

아내와 아주머니들이 상차림을 준비하는 동안 남자들은 다른 방에서 회의를 했다. 1년에 한번 있는 모임이기 때문에 문중 재산변동 사항이나 운영과 관련한 것 등 이것저것에 대하여 결정할 것들이 있다. 의결 정족수 같은 것은 없고, 다수결 등 민주주의 원칙들도 우리 문회에서는 적용되지 않는다. 그저 참석한 사람들 중 유사가 안건을 상정하면, 논의를 하고 최종적으로 종손이 결론을 내리면 끝난다. 이것은 오래된 우리 문중의 회의방식인데, 요즈음 젊은이들에게 설득력이 있는지에 대하여는 좀 의심스럽다.

문회에 있어서의 또 하나의 큰 특징은 여전히 강한 서열문화다. 어른이 아이들 – 여기서 아이들이란 40대 또는 60대 일수도 있다 – 을 지적하고 꾸짖는 상황이 자주 발생한다. 개인적 교양과 개성에 따라 각각 다르게 표출되지만, 이 꾸짖는 문화는 젊은이들이 문회를 아주 싫어하게 하는 핵심 요인이라고 나는 생각한다. 어제도 크게 중요하지도 않은 일 때문에 어른들의 언성이 몇 번 높아졌다. 어제 회의에서 흥미로웠던 점은, 몇 번 언성이 높아지자 40대의 젊은이 하나가 발언권을 얻어서 "두 어른들께서는 이제 발언을 그만 좀 하셨으면 좋겠다"고 정면 도전처럼 들리는 말을 했던 것이다. 모두 웃고 지나갔지만 우리 문화의 문제점을 함축하고 있는 장면이라고 생각한다.

회의가 끝나고 원로들은 진설된 음식이 '조율이시', '홍동백서' 등의 원칙에 맞는지를 검토한다. 어제는 단골 노인들 몇의 불참으로 비교적 젊은 층이 일선에 서서 일하게 되었다. 덕분에 분위기가 좀 자유로워졌는데, 일부 어린 아이들은 "이런 원칙들이 무슨 의미가 있느냐?", "대가리가 붙어 있는 닭고기는 처음 봤다" 등등 불경(?)스러운 말들을 하기도 했다.

준비는 1년 동안 마음을 무겁게 했지만 제사는 10여 분 만에 끝난다. 알아들을 수도 없는, 작년과 똑같은 한문 문구로 된 축문祝文을 듣고 절을 여러 번 했다. 우리는 제사로 모시는 할아버지들이 어떤 삶을 살았는지에 대하여는 아는 것이 별로 없다. 그러기 때문에, 많은 시간과 노력을 들여 거행하는 행사지만 끝나고 나면 '무슨 의미가 있나?' 하는 의문이 생기고 좀 공허해진다.

같은 뿌리를 둔 사람들이 일 년에 한번 모여서 안부를 확인하고 공동 조상들에게 경의를 표하는 의식을 거행하는 것이 왜 의미가 없겠는가? 어제는 동생 되는 이가 데리고 온 고등학생 아들을 소개했을 때 진심으로 반가웠다. 또 참석자 중에는 나에게 손자뻘 되는 어린 아이도 한 명 있었다. 식사가 끝난 후에는 뇌졸중으로 쓰러졌다가 회복 중인 대소가 아주머니를 문병했다. 내가 어렸을 때 씩씩하고 다정했던 이웃집 아주머니가 상노인 모습으로 우리를 반겼다. 가슴속 아주 깊은 곳의 심금이 우는 이런 기회들을 다른 어떤 곳에서 가질 수 있겠는가?

하지만 아무리 생각해도 어제의 시제를 돌아보면, 마치 내가 사는 현대와는 동떨어진 박물관에 다녀온 듯 묘한 느낌이 마음 한 쪽에 남아 있다. 개혁해야 할 것들이 아주 많지만 쉽지가 않다. 모두들 습관대로 시간을 보내고 내년에 또 비슷한 모습으로 만나게 될 것이다. 1년 후 오늘쯤 나는 또 다시 지금과 아주 닮은 느낌을 반추하고 있을 것만 같다.

시

시제유감時祭有感

같은 뿌리에서 나와
시간이 흘러
삶은 제각각이 되었지만
돌아보면
멀리 시선이 머무는 곳
그 곳은 사랑과 미움이 교차하는 곳

아문 줄 알았던 상처를 핥으며
고개를 돌리려 해도
희미하지만 분명한 부르는 소리
떨리는 가슴, 다시 돌아볼 수밖에
돌멩이 하나, 바람 한 줌에도
익숙한, 아늑한 추억

잊으래야 잊을 수 없는 곳
싫어도 외면할 수 없는 곳
나의 본질이 만들어진 곳

나의 고향, 내 삶의 뿌리

의사 역할

상대방이 간절히 원하는 것을 해줄 수 있다. 지식과 경험의 차이가 압도적이어서 측량할 수 없는 신비로움을 느끼게 한다. 상대는 급해서 초조함으로 어쩔 줄 모르지만, 과정과 결과를 예측할 수 있는 나는 여유롭다. 거기에 믿음을 주는 나지막하고 확신에 찬 목소리와 약간의 친절이 더해지면 완벽한 영웅의 모습이 생겨난다.

이것은 내가 상상하는 좋은 의사의 모습이다. 내가 어제 한순간 스스로에 대해 생각해봤던 이미지이기도 하다.

점심을 먹고 식탁에서 손님들과 이야기를 하고 있는 중에 전화가 걸려왔다. 동네의 소 키우는 과부 아주머니가, 아들과 같이 소들에게 구제역 예방접종을 하려고 했지만 겁이 나서 주사를 못했다며, 도움을 청하는 용건이었다. 나는 조용한 음성으로 "알았습니다. 그러나 지금은 손님이 있어서 갈 수 없습니다. 저녁때쯤 연락하고 방문하겠습니다."고 말하고 통화를 마무리했다.

얼마 후 혼자 남게 된 나는 그 아주머니에게 연락하고 장화를 신고 그 축사에 갔다. 다른 곳에 외출했다가 급하게 돌아온 주인의 도움을 받으며, 나는 소 다섯 마리에 백신주사 놓는 일을 간단하게 처리했다. 물론 그것들이 이리 저리 움직이고 뒷발질하는 바람에 작업복과 얼굴에 소똥이 좀 튀었지만, 묶여 있는 것들에 근육주사 하는 일은 나에게 이제 별로 어려운 일이 아니다.

축사에서 나와 세워 둔 자전거를 타고 돌아오려 하는데 누군가가 불러서 돌아보니 주인아주머니가 존경과 감사의 표정을 한 채 제법 무거워 보이는 포대를 하나 들고 있었다. 금방 찧은 쌀이라며 주는 것을 받아 들고 집으로 돌아오는 길에 한 이웃 노인이 "어디 갔다 오느냐?"고 반갑게 물었다. 사실대로 말했더니 이번에는 자기 집 소들 접종날짜를 좀 확인해달라고 했다.

요즘은 소 이력제도가 정착되어 스마트폰앱에 각 소의 귀표번호만 입력하면 그 소의 브루셀라, 구제역 접종 날짜를 바로 확인할 수 있다. 나는 가지고 있던 스마트폰을 꺼내 그 집 소들의 기록을 알아보니 바로 전날 접종한 것으로 되어 있었다. 아마도 그 노인이 그 전날 동네 노인회에서 주관한 관광버스 여행을 다녀 온 사이 면직원이 와서 주사를 하고 간 듯했다. 또 한 번의 감사와 존경의 표정을 뒤로

하고 나는 집으로 돌아왔다.

다른 사람들에게 도움이 되는 자기를 느낄 때가 스스로의 존재 가치를 확인하는 순간이다. 의사들은 날마다 이런 순간을 경험하고 살까? 이런 것도 일상이 되면 지루해지고 무감각해질까? 가지 않은 길에 대한 미련이 생각나는 날이다.

농장의 작은 이야기들

아무래도 우리 집 암탉이 품고 있는 달걀들에 이상이 있는 듯하다. 3주, 즉 21일이 지나면 부화한다는 것들이 만 22일째인 어제도 아무 변화가 없었다. 오늘은 내가 강제로 어미를 들어내고 안을 자세히 살펴봐야 할까? 아니면 며칠 더 두고 볼까? 이미 틀어져 버린 일을 붙들고 터무니없는 희망을 하는 것보다 달걀상태를 확실하게 파악한 후 상황을 정리하는 것이 좋을 것 같다.

3일 전부터 우리 집에 낯 선 개 한 마리가 와서 산다. 작은 진돗개로 노란 털의 암컷인데, 나를 제 주인처럼 따른다. 처음 봤을 때는 나를 좀 경계하더니만 지금은 반갑게 다가와서 땅바닥에 납작 엎드려 애교를 부린다. 동네 아주머니들도 뉘 집 개인지 모른다고 하고, 잃어버린 개를 찾는다는 동네 방송도 없다. 어제는 이것이 굶고 있는 듯해서 물과 함께 보리의 사료를 좀 주고 한참 있다 가보았더니 제법 많이 없어졌다. 이런 식으로 하루 이틀 시간이 가면, 이것이 아예 우리 집에 눌러 앉아 살게 될까?

송아지 설사는, 암소를 키우는 이들에게 상당히 중요한 문제다. '좋아지겠지' 하고 방치하다가는 며칠 사이에 탈수현상이 생기고, 심해지면 죽을 수도 있다. 간신히 살아나도 그 과정에서 고생을 많이 한 송아지는 제대로 자라지 않는다. 얼마 전에 설사하던 것 하나가 상태가 좋아져서 안심했는데, 3일 전부터 다른 한 놈의 엉덩이가 지저분해서 관찰해보니 바닥에 물똥 흔적이 많았다. 어제까지 이틀간 주사를 했다. 효과가 좀 있는 것 같지만 송아지는 아직 기운이 없다.

몇 년 전 구제역이 창궐해서 소들이 살처분 될 때, 어떤 농부가 "자식 같이 키운 것들인데……"라며 안타까워했다는 기사를 보고 과장이 심하다고 생각한 적이 있다. 난방도 하지 않는 찬 바닥에서, 그것도 제가 싼 똥 위에서, 잠을 자는 소들이 '자식 같다' 고 하면 확실히 이상하게 들린다. 하지만, 아픈 송아지가 기운 없는 모습으로 한쪽에 우두커니 서 있는 것을 볼 때는 진짜 마음이 불편하다. 아파서 비실비실하는 자식들을 볼 때의 안타까운 기분과 정말로 흡사하다.

어느새 풀들의 키가 거치적거릴 정도로 컸다. 지천으로 깔린 노란 민들레꽃과 홀씨들이 마음을 심난하게 한다. 유행가 속의 그것들은 예쁘게 들리지만 우리 집 마당의 이것들은 뿌리가 깊어 쉽게 뽑히지도 않고 퍼지는 속도는 빨라서 성가시다. '잡초는 없다' 라는 제목의 책도 있던데, 그 속의 심오한 뜻을 모르는 나는, 커가는 잡풀들을 보면서 '저것들을 언제 어떻게 없애 버릴까?' 하고 궁리하고 있다.

4월도 하순에 접어들었다. 날씨 좋은 날이 많다. 해마다 이 무렵에는 친지들을 우리 집 마당에 초대해서 고기랑 고구마를 구어 먹으며 놀곤 했는데, 올해는 어떨지? 아내가 아픈 아버지 걱정에 심기가 불편하니, 올봄에는 쉽지 않을 듯하다.

작문 교육

조기교육에 대한 관심이 점점 커가는 듯하다. 어린 아이들을 둔 젊은 부모들을 만나면 "아이를 지적이고 능력 있는 사람으로 키우는 데 어떤 점이 중요하다고 생각하느냐?"는 질문을 가끔 받는다. 처음에 나는 "글쎄요"하며 얼버무리기도 했지만, 언젠가 같은 질문을 또 받고는 다음과 같이 대답했다. "내 생각에는 아이들이 어렸을 때부터 글쓰기를 습관화하도록 하는 것이 중요하다. 자신의 생각을 글을 통해 잘 나타낼 수 있는 것은, 한 사람의 지식인으로서 이 세상을 살아가는 데에 꼭 필요한 능력이다."

나는 글쓰기가 아이들의 지적 발달을 자극하는 데에 아주 좋은 효과를 낸다고 생각한다. 그러나 작문교육에 있어서 부모들은 영어나 수학 또는 피아노 등을 가르칠 때와는 또 다른 어려운 점들을 해결해 나가야 할 것 같다.

먼저, 글을 쓰려면 표현하고자 하는 자신만의 생각이나 느낌이 있어야 하는데 이것이 쉽지 않다. 나를 포함해서 주변 어른들이 아이들에게 독후감이나 영화나 음악 등에 대한 감상문을 쓰라고 할 때 "그냥 생각나는 것, 느낀 것을 써 봐"라고 쉽게 말을 하지만, 우리 어른들도 이 '느끼고 생각한다는 것' 이 간단치 않다는 것을 잘 안다.

어떤 것에 대해 정돈된 생각을 가지려면 비판력을 바탕으로 한 문제의식에, '왜? 왜?' 하며 따지고 드는 집요함도 필요하다. 또한 거기서 나오는 결론들을 체계적으로 정리할 수 있는 능력도 있어야 할 것 같다. 하나하나가 모두 정신적인 긴장을 요구하는 '불편한 것' 들이다.

거기에, 작성된 글의 질을 평가할 수 있는 사람도 주변에 꼭 필요하다. 왜냐하면 아이들 주변에 좋은 비평문화가 없으면 그들은 앞에 말한 힘든 과정을 피할 수 있는 수단을 찾으려고 애쓸 것이기 때문이다. 예를 들면, 유사한 주제의 남의 글을 베낀다거나 터무니없는 소리를 늘어놓고 억지를 부리는 경우를 상상해 볼 수 있다.

나는 초등학교나 중학교에 다니는 아이들이 했다는 방학숙제가, 인터넷에서 찾은 자료들을 짜깁기만 해서 만든 경우를 여러 번 보았다. 언뜻 보면 사진과 그림들이 다양하게 들어있어 알록달록 예쁘지만, 자세히 보면 스스로의 창작적 고민이 들어 있지 않은 쓰레기 모음 – 실제로 숙제검사가 끝나면 쓰레기가 된다 – 인 것들이 많았다. 심지어, 찾은 자료들을 기계적으로 나열만 했기 때문에, 자기가 써낸 숙제 속의 내용에 대해서 아는 것이 전혀 없는 아이들도 여럿 보았다.

글쓰기 교육의 또 하나의 특징은, 특정 시간을 정해서 배우는 영어나 수학 등과 다르게, 일상생활 즉 삶 자체가 훈련의 기회가 된다는 점이다. 조용히 혼자 생각하는 시간도 있어야 하고, 자기 생각을 누군가에게 말해서 그것에 대한 의견을 들어볼 수 있는 기회도 필요할 것이다. 다시 말해, 부모의 입장에서, 아이가 자신의 생각을 정립하고 그것을 글로 표현하는 것이 의미 있는 것이라는 의식을 평소에 가지고 행동하도록, 분위기를 조성하는 것이 아주 중요하다고 생각한다.

작문교육에 필요한 것들을 하나씩 적어 나가다보니 이것이 몹시 어려운 일인 것처럼 보인다. 하지만 한편으로는, 아이들에게 작문습관을 갖게 하고 그것을 격려할 수 있는 적절한 분위기만 조성해주면 작문교육은 자동으로 굴러가는 면도 있다.

나와 아내는 아이들이 어렸을 때 글을 쓰는 습관을 장려하기 위해 별짓을 다했다. 우리는 아이들이 일등을 했다거나 백점을 받았다고 해서 상을 준 적은 없었지만, 에세이나 시를 하나 쓰면 천원 또는 오백 원씩 돈을 주기도 하고, 아이들이 무엇인가 원하는 것이 생기면 그것을 해주는 조건으로 글쓰기를 요구하곤 했다.

큰 애가 당시 유행하던 찢어진 청바지를 입겠다고 했을 때, 우리는 조건으로 그 입어야 하는 이유를 글로 써서 가져오라고 한 적도 있었다. 여대생이던 작은애가 혼자서 자전거로 제주도를 일주하고 오겠다고 했을 때나 일본에 배낭여행을 다녀오겠다고 했을 때도 우리는, 다녀와서 여행기를 제출한다는 조건으로 경비를 보조해 주었다. 때로 성의 없는 글을 보고 지적의 강도를 어느 정도로 할 것인지 고민했던 기억들도 생생하다.

변화를 시도해볼까?

나는 지금까지 블로그에 수 십 개의 글을 썼다. 하나하나 내 나름대로 머리를 굴리고 정성을 들여 쓰고 있지만 그것들을 완성한 후 블로그에 등재하기 위해 마지막으로 '확인' 키를 누를 때는 항상 불안하고 조마조마하다. 초등학생들이 선생에게 숙제를 제출할 때의 떨리는 심정, 아이들이 어렸을 때 밖으로 놀러가는 것을 보는 부모 마음과 비교할 수 있을 것 같다.

글을 올린 후에도 나는 여러 번 스마트폰을 통해 내 글을 읽는다. 댓글 등 비평에 신경을 쓰면서 보고 꼭 고쳐야겠다는 생각이 들면 수정을 하기도 한다. 그런데, 이 평評들 중에 내가 특별한 관심을 두는 것들이 있다.

그 중 하나가 아내의 것인데, 그녀는 좀처럼 호평을 하지 않는다. "괜찮아?"라고 물으면 대부분의 경우 "글쎄. 당신에게 평소 늘 듣던 말이라 별로 신선하지 못해"라고 말한다. 반박하기도 어려운 것이, 생각해보면 실제로 내 글에는 내가 그녀에게 말했던 것들이 많이 들어 있다. 하지만, 그녀가 언젠가 내 글들이 "무거운 말투나, 다른 이들을 칭찬하기보다 비판하기를 좋아하는 것 등에 있어서 모두 똑같은 느낌을 준다"며 지루하다는 듯이 말했을 때, 나는 좀 억울했다.

유명 가수나 화가 또는 작가들도 모두 나름대로의 스타일이라는 것이 있지 않은가? 어떤 예술가의 작품들에 흐르는 고유의 특징을 '지루하다' 고 단점처럼 지적한다면, 그 비평은 그에게서 무엇을 기대한다는 걸까? 나는 아내와 이런 것을 가지고 시시콜콜 따지지는 않는다. 그녀의 솔직한 느낌은 일단 존중해야 한다고 나는 생각한다.

어쩌면 내가 작문하는 데 있어서 새로운 방법을 시도하거나 고쳐나가야 할 것들이 있는지도 모르겠다. 지금까지는 내용을 오해 없이 전달하는 데 주안점을 두었지만, '가볍고 유쾌한 유머를 많이 사용한다거나 문장들을 보다 짧고 간결하게 쓰는 것을 시도해볼 수도 있지 않을까?' 하는 생각을 해본다. 그것이 가능해진다면, 나의 표현력은 더욱 풍부하고 깊어질 것이다.

이와 관련해서 나는 아쉬워하고 있는 것이 하나 있는데, 그것은 학교 다닐 때 연극 같은 것을 한 번도 해보지 못한 것이다. 나 아닌 다른 사람이 되어 본 경험이 있다면 지금처럼 스스로 변화를 시도할 때 큰 도움이 되었을 것 같다. 다른 이들을 이해할 수 있는 마음의 폭도 넓어질 것 같고.

수십 년 된 습관을 버리고 새로운 것을 익히는 일은 결코 쉽지 않다. 어쩌면 담배 끊기나 체중조절 하는 것만큼 어려울 수도 있을 것이다. 그러나 바로 거기에 '위대함'이 있는 것 아닐까? 시도해 볼 만한 가치는 있는 것 같다.

나쁜 선례先例

세월호 침몰 사건과 관련된 뉴스들을 볼 때 나는 때때로 불안하고 무서워진다. 요즈음은 한국인 모두가 감정에 휩싸여 비이성적인 행동을 해도 그것이 용인되는 시간인 것 같다.

세월호 실소유주라는 유병언의 비리 찾기가 한창이다. 처음에 나는 그가 어떤 큰 나쁜 짓을 해서 검찰이 그를 조사하고 언론들이 그의 과거 캐기를 하고 있다고 여겼다. 그러나 이 모든 소란 법석의 이유가, 유병언이 이번에 침몰한 배의 실소유주이기 때문이라는 것을 알고 나는 정말 어이가 없었다.

이번 사고에 있어서 그의 책임을 물을 것이 있으면 법적인 절차를 밟아 추진해 나가면 되는 것 아닌가? 그런데, 사고와 직접 관련도 없는 그의 개인 재산형성 과정을 캐고 그의 종교 성향을 비난하는 지금의 사회분위기는 무엇을 말하는가?

지난번 송영철국장 해임조치, 이번 유병언 문제 그리고 일어난 크고 작은 많은 작은 사건들의 공통점이 있다. 그것은 감정이 앞서고 이성과 기준 원칙 같은 것들은 뒷전이라는 점이다.

한국의 총리와 장관들이 유족들에게 물세례를 받고, 붙잡혀서 강제로 끌려가는 모습을 화면으로 보았다. 그래도 되는 것인가? 그때 경호원들은 무엇을 하고 있었나? 국민들에게 당하는 모습을 일부러 보여주려 한 것일까? 아니면 정말로 일부 사람들은, 자신들은 큰 슬픔을 겪고 있기 때문에 다른 이들에게 약간의 피해를 줘도 된다고 생각하는 것일까?

분명한 결론을 내리기에는 나의 정보가 부족하다. 그러나 이럴 때일수록 든든한 모습으로 일처리를 해야 할 정부의 감정적 대응은 나를 불안하게 한다. 그의 책임이 아직 끝나지도 않았는데 책임을 지고 사퇴하겠다는 총리도 어설프고, 예쁜 얼굴을 한 손석희 등 언론인들의 '유병언 타도 운동'은 가식적이고 공허하며 우리를 정말 겁나게 한다.

나쁜 선례가 세워지고 있다. 지도자나 어떤 조직에 대한 믿음의 핵심은 예측 가능성에 있다. 어떤 순간에도 지켜지리라 기대할 수 있는 기준과 원칙은 무너지고, 변덕스런 감정이 지배하는 곳의 삶은 불안하고 무섭다.

일상

어제 아침에 아내와 함께 동네 산길을 산보했다. 한 시간 남짓 오르막 내리막길을 걸었지만 허리에 이상을 느끼지 않았다. 고통 없는 산행에서 오는 상쾌함은 나에게 귀한 것이다.

10여 년 전부터 나는 시원찮은 허리 때문에 신경을 많이 쓰고 있다. 한때는 병원에 가서 MRI를 찍고, 그것을 가지고 의사들과 상담을 하기도 했다. 한 의사의 권유대로 담배도 끊고 자세도 바르게 해서 앉으며 애를 써서 운동도 했지만 내 허리는 쉽게 고장이 나서 정상적인 생활에 지장을 초래하곤 했다.

나는 이 고통으로부터 해방되기 위해 지난 5개월간 헬스클럽에서 운동을 하고 있다. 이곳저곳에서 주워들은 허리에 좋다는 동작들에다가 체육관 관장의 조언을 첨가해서 나만의 등허리근육 강화프로그램을 만들어 지금까지 꾸준히 실행하고 있다. 이 운동 덕이라고 생각하는데, 얼마 전부터 나는 한두 시간 정도는 아픈 줄 모르고 걸을 수 있다.

통증 없이 걸을 수 있게 된 것을 즐기면서 나는 한편으로 지금까지 만났던 의사들을 약간 원망하고 있다. 그들로부터 나는 “4번, 5번 디스크에 문제가 있고, 고통이 심하면 수술을 할 수도 있다”, “수영 등 허리근육을 강화하는 운동을 하면 통증 완화에 효과가 있다”, “혈액순환에 좋지 않은 흡연은 하지 않는 것이 좋다” 등의 이야기를 많이 들었다. 하지만 지금 나는 그들이 ‘구체적인 운동요령이나 나와 비슷한 환자들의 성공사례 등을 좀 더 설득력 있게 말해주었더라면 좋았을 것을…’ 하며 아쉬워하고 있다. 다른 이들을 도울 수 있는 지식이 있다 하더라도 그것을 표현하는 방법에 따라 그 효과는 크게 달라질 수 있다는 것을, 나는 나의 고통을 통해 절감한다.

알들을 품어 병아리에 대한 기대를 하게 했던 암탉의 수고는 헛된 것이었다. 시간이 지나도 변화가 없어 어미를 강제로 들어낸 후 확인해보니 달걀들은 모두 곯아서 못쓰게 되어 있었다. 하나씩 던져 깨뜨렸는데 썩은 냄새가 아주 고약했다. 암탉은 섭섭한지 다음다음 날까지 다른 닭들이 낳은 알들을 품으려고 했다. 그동안 힘들었는지 많이 가벼워진 그 닭이 둥지에 들어가 알을 품으려는 것을 볼 때마다 나는 그것을 다시 끄집어냈는데, 그때마다 내 마음도 많이 안타깝고 서운했다.

어디선가 나타나서 우리 집 개가 됐던 여우(여우를 닮아서 그렇게 부르기로 했었다)는 얼마 전에 사라져서 돌아오지 않고 있다. 이웃인 석정댁이 그 녀석을 보고 아는 집 개 같다고 했는데, 나는 확인은 안했지만 그곳으로 돌아간 것으로 추정하고 있다. 다만, 비온 후 땅이 젖어 있던 그날, 그녀석이 방정맞게 내 몸에 자꾸 올라타 옷을 더럽히기에 군밤을 몇 대 때린 것이 조금 마음에 걸린다. 시점이 공교로워, 마치 나에게 얻어맞고 삐져서 본집으로 가버린 것처럼 보인다.

봄날은 간다

아침에 뻐꾸기 우는 소리를 들었다. 특별한 4음절 '히히히히' 하고 노래하는, 이름은 모르지만 익숙한 새 소리는 벌써 한 달 전부터 들린다.

반투명으로 빛나던 감나무 잎들은 초록이 짙어져, 이제 제법 무성한 기세를 뿜어내기 시작하고 있다. 자세히 보면, 가지마다 수많은 꽃망울들이 달려 있다. 화려하지 않아 예쁘다고 할 수는 없지만, 가을에 결실하게 될 탐스런 과일을 상상하면, 바라보는 내 마음이 기대감으로 설렌다.

꽃피우는 일을 초봄에 마무리한 목련은 넘실거리는 잎사귀들로 옆의 느티나무와 함께 시원한 그늘을 만들고 있다. 부지런한 비닐하우스 주변의 매화나무들도 날마다 열매를 키워, 어제 보니 매실들이 벌써 엄지손톱 만하게 자랐다.

풀 베는 작업도 한창이다. 집 바로 앞마당의 풀은 벌써 보름 전에 정리했다. 며칠 전부터 감나무밭쪽 일을 하고 있다. 어제까지 두 칸을 끝냈으니, 3~4일 지나면 축사 주변까지 경내 모든 곳에 예초기 손길이 갈 것이다.

올해는 토방에 앉아 쉴 때 생각나는 것들이 많다. 세월호 참사로 자식들을 잃은 부모들도 떠오르고 얼마 전에 작고한 송촌양반도 생각난다. 몇 년째 요양원에 있는 독굴양반 내외는 어떻게 살고 있는지? 호기심 많은 영감과 같이 소 키울 때 웃을 일이 제법 많았는데….

큰 아이가 미국으로 떠난 지 이제 1년이 되었다. 작은 아이도 언제 보았었는지 모르겠다. 따뜻한 바람에 졸음이 온다. 봄날이 간다.

우리 집 장닭들은 개도 사람도 무서워하지 않는다. '보리'가 다가가면 깃털을 세우고 정면으로 맞선다. 나도 닭장에 들어가면 다가와서 쪼아대는 바람에, 여간 신경 쓰이는 것이 아니었다. 한번은 팔뚝 맨살이 그놈 부리에 꼬집혀 피가 날 뻔하기도 했다.

하지만 며칠 전 나는 회초리를 하나 들고 들어가서 달려드는 그것들을 죽지 않을 만큼 두들겨 팼다. 그것들이 후퇴할 때까지 수십 대를 대가리 중심으로 때렸다. 누가 대장인지 확실히 알려줄 필요가 있다고 생각해서 큰맘 먹고 폭력을 썼다.

효과가 아주 좋다. 이제 내가 닭장에 들어가면 그것들은 존경(?)의 눈빛을 한 채 유순하게 따라다니며, 주는 모이만 열심히 쪼아 먹는다.

장례

별세한 장인에 대한 사흘장이 어제 끝났다. 크고 깨끗한 식장, 2천 수백 명의 조문객, 2백 수십 개의 화환, 20여개의 조기弔旗……, 성대한 의식이었다. 생전에 근사한 행사의 고품격 분위기를 즐겼던 고인의 성품을 생각하면, 저세상에서 그가 웃고 있을 것 같다.

독자인 처남과 함께 상제 석에서 손님 맞는 일을 했다. 이틀간 잠을 제대로 자지 못해 피곤했지만, 하룻밤 숙면하고 난 지금은 정신이 맑다. 우려했던 허리나 무릎은 별 문제 없다. 헬스클럽에서 꾸준히 한 운동 효과를 보고 있는 것 같다.

상제들의 컨디션을 염려해서, '문상객들이 분향 대신 한 송이 국화꽃을 바친 후 선채로 묵념하고 상제들을 보는 것' 으로 조문절차를 정했다. 하지만 일부 조객들은 무릎을 꿇고 절하는 것을 고집하기도 했다. 그럴 때 우리는 황급히 몸을 낮추고 맞절했다. 처남이 몸을 굽히려는 사람들에게 미리 한발 다가가 악수로 인사를 대신하게 하느라 수고를 많이 했다. 나의 체력유지에 큰 도움이 되었을 것이라고 생각한다.

장례식은 자식들의 세勢(?)가 확실하게 드러나는 기회이기도 하다. 빈소에서 시간 날 때 세어 본 24개의 조기 중에 나로 인한 것은 단 한 개였다. 그것도, 고인이 너무 유명해서 나 아닌 다른 곳에서 부고를 들은 고등학교 동창회 총무가 알아서 보낸 것이었다. 2백 수십 개의 화환들 중에는, 나는 확인도 못했지만, 나의 친구가 보낸 한 개가 있었다고 한다. 거창한 의식에 별 보탬이 되지 못한 나를 생각하면 고인과 주변사람들에게 조금 미안한 마음이 든다.

입관식 때 본 고인의 모습은 곱고 단정했다. 그리고 작아 보였다. 몸이 가벼워서 그런지, 염하는 이들의 작업이 수월해 보였다. 별 쓸모없는 살을 몸에 지니지 않고 가볍게(?) 살아온 장인이 겸손하게 보였다. 한편으로는 나의 육중한 껍데기가 부담스럽게 느껴지는 순간이었다. 아내가 페이스북에 올려놓은 상제들 사진 속의 거대한 나의 모습이 오늘은 특히 마음에 들지 않는다.

죽음 후의 세상은 일반인들에게 미지의 곳이다. 그래서 전통과 종교들의 여러 가지 해석들 속에서 우리는 좀 헛갈린 채 살아가는 듯하다. 처남의 친구 스님이 한 사람 와서 빈소 한쪽에 앉아 염불을 했다. 스님은 목탁을 치며, 내가 이해할 수 없는 내용을 큰 소리로 노래하듯이 제법 오랫동안 읊었다. 좀 시끄러웠지만, 절에 다닌 적이 없는 고인도 아들의 성의를 이해하고 기꺼이 들어 줄 것이라고 생각하며, 나도 인내하며 자리를 지켰다.

한편, 출상할 때 지낸 제사는 전통적인 유교식이었다. '젓가락을 어디에 놓아라', '속으로 무슨 기도를 하라' 고 지시하는, 제례를 주관한 이의 확신에 찬 유권적인 태도도 스님의 염불만큼이나 공허하게 다가왔다. 그러나 우리 같은 범인들이 사후세계를 어찌 알겠는가? 이승에서 이곳저곳에 보험을 들고 마음의 안정을 찾듯이, 모르는 저승도 이곳저곳에 선처를 부탁해 놓으면 나쁘지는 않겠지.

상제들 입장도 좀 애매했다. '조문은 고인을 조상하고 상주를 위로하는 것' 이라 생각하고 나는 주로 상제석에서 움직이지 않고 서 있었고, 상주인 처남과 동서들은 문상 온 이들을 맞이해서 반갑게 고마움을 표시하는 듯했다. 나는 속으로 '상제들은 친인을 잃은 충격으로 황망해서 그저 슬퍼하기만 할 뿐 사교할 필요는 없다' 고 여기며 아는 사람들이 다가와도 제자리에서 아무 말 없이 고개만 숙여 인사하곤 했지만 뭔가 불분명한 느낌이 지금도 남아 있다. 이 부분은 나중에 서로 만나서 토의해 볼 필요가 있는 듯하다.

많은 수는 아니지만, 조문 온 내 친지들 수도 몇 십 명은 되는 듯하다. 평소에 아는 이들의 경조사에 출입을 드물게 하는 나로서는, 이 뜻밖의 고마움을 어떻게 받아들이고 갚아야 할지 잘 모르겠다. 상주인 처남이 쓴 조객들에 대한 감사의 인사말 속의 한 문구처럼, 그들이 어려운 일을 겪을 때 찾아가서 위로의 뜻을 전하는 것으로 갚아야 하는 것일까? 일단, 그저 고마워하기로 한다.

"상주보다 곡쟁이가 더 서럽게 운다"는 말이 있다. 내 선친 초상 때도 "절을 그렇게 하면 안 된다", "울어라, 더 크게 울어!" 등등 전통적(?)인 초상의 예를 강요하는 집안 어른이 있었다. 당시 그런 말을 들어야만 했던 나는 말하는 이가 정말 싫었다. 지금도 그때를 생각하면 분노의 감정이 일어날 정도다.

이번 장례에서는 남들에게 보이는 것만을 위한 인위적이고 가식적인 것들은 거의 없었다. 자식들은 돌아가신 아버지를 그리움 속에 회상하고 남은 어머니를 걱정한다. 고인이 남긴 것들 중, 이처럼 자식들이 화목한 것도 큰 의미가 있다고 생각한다.

문인들의 추도회도 있었다. 궁금해서 가 보았지만, 연설자들이 마이크 없이 작은 소리로 말들을 해서 밖에 서 있던 나는 제대로 들을 수 없었다. 나중에 글로 된 것들을 차분하게 읽어보고 싶다. 문병란 씨가 남기고 간 고인에 대한 고별사는 엄숙한 기분으로 여러 번 읽었다. 글로써 조문하는 문인들이 새롭고 특별하게 보였다.

입관식 때 본 곱고 단정한 고인의 몸은 화장터에서 한 단지의 가루로 변했다. 인생이 무상하다는 것을 뼈저리게 느낀다. 그러나 어쩌겠는가? 그는 가고 남은 자들의 삶은 또 계속된다.

사회가 보는 나

며칠 전 참석한 어느 결혼식에서, 나와 오래 전부터 아는 사람이 장성한 그의 자식과 조카들에게 나를 소개하면서, "연세대를 나오시고, 딸이 외무고시에 합격한 분"이라고 말했다. 그리고 끝이었다. 이런 식으로 나를 묘사하는 것을 들은 것이 처음도 아니다. 잊을 만하면 비슷한 경우를 겪곤 한다.

수십 년을 알고 지낸 사람이 어느 날 모르는 이들에게 나를 말할 때 30여 년 전에 다닌 학교 이름과 내 딸의 성취 외에 다른 할 말이 없다는 것이 묘하다.

여러 가지 사연을 거쳐 나는 10여 년 전부터 시골에 살면서 그런대로 마음의 평안을 유지하고 있다. 날마다 반복되는 소 밥 주는 일이 지루할 때도 있고, 나오는 소득이 별 것 없어서 잘 나가는 이들과 같이 있으면 기가 좀 죽기도 한다. 하지만 대부분의 경우 체념과 스스로에 대한 겸손한(?) 자의식을 통해 평정심을 깨트리지 않고 하루하루 살고 있다. 그런데 앞에 말한 것처럼 다른 이들의 나를 바라보는 시각이 분명하게 드러나는 경우 나는 여전히 생각이 많아진다.

세속적인 평가에 따르면, 내가 50여 년 동안 한 일 중에 연세대에 합격한 것이 가장 인상적이었던 모양이다. 그 전과 후의 짧지 않은 세월 동안 내가 남긴 흔적들은 다른 이들의 마음에는 별 의미 없는 무시해도 될 만한 하찮은 것들인 듯싶다. 거기에, 나를 묘사하는데 왜 내 이야기가 아닌 딸의 고시합격이야기가 동원될까? 아마도, 가장 큰 이유는 나에 대해 언급할 만한 별 다른 것이 없기 때문일 것이다. 어쩌면, 자식들을 운동경기의 선수처럼 그리고 부모는 훈련시키는 코치 비슷하게 생각하는, 한국사회의 경쟁문화를 반영하고 있는 것 같기도 하다. 앞에 말한 사람은 사실 나의 딸들을 직접 만난 적도 없다.

나는 수많은 말을 하고, 글도 쓰고, 일하고, 나만의 결정들을 했다. 돌아보면, 아주 특별한 나만의 색깔이, 내 눈에는, 선명하게 보인다. 도덕적으로도, 나는 하늘을 우러러 조금밖에 부끄러워 할 것이 없는 사람이라고 생각한다. 스스로를 비하하거나 크게 부끄러워할 이유가 없다는 말이다. 이런 부분은 대학교 이름이나 고시 같은 것들과는 관계없는 것들이다. 그런데 사람들은 내가 소중하게 생각하는 이런 것들에 별 관심이 없다.

다른 이들이 바라보는 나의 이미지와 내가 생각하는 나의 모습 사이에 간극이 좀 커 보인다. 어느 정도의 괴리는 지금까지 갈고 닦은 비판력 내공으로 견딜 수 있으리라고 생각하지만, 때때로 이로 인해 마음에 스며드는 외로움은 막을 수가 없다. 특히 내가 소중하게 여기는 사람들이 현재의 나를 자랑스럽게 여기지 않는다는 것을 발견하게 되면 그 씁쓸한 뒷맛은 제법 오래간다.

현실의 한국인

어제 저녁 7시쯤 나는 목포 평화광장 근처에서 작은 자동차 사고를 냈다. 복잡한 식당 앞에서 후진으로 병행주차를 하는 중 옆에서 있는 사람을 보지 못하고 차를 움직여, 차가 그 사람의 정강이에 살짝 닿게 하고 말았다. 내려서 살펴보니 그의 정강이에 피는 흐르지 않았지만 피부가 얇게 벗겨진 곳들이 있어 붉은 기가 좀 있었다. 아내와 나는 미안해서 어쩔 줄 모르고 있는데 그는 "괜찮다"며 "병원에 갈 필요 없을 것 같다"고 말했다.

움직이는 데 아무 문제없어 보이는 그를 보고 우리는 일단 안심했다. 하지만 옆에 있던 그의 아내로 보이는 여인은 "안 돼, 병원에 가봐야 해!" 하는 말을 여러 번, 어린 아이가 칭얼거리듯이 했다. 나와 아내는 피해자의 너그러운 태도에 감사, 안도하며 그에게 "무슨 일이 있으면 연락하라"며 우리의 전화번호를 주었다. 그리고 더 이상의 미안함을 어떻게 표시해야할 지 몰라 주춤거리고 있는 사이에 그

여인과 남자는 자리를 떴다.

일, 이분이 지났을까? 나는 '어쨌든 그는 나 때문에 상처를 입고 놀랐는데 그냥 가게 한 것은 도리가 아니다' 고 생각하고 작은 액수의 돈으로라도 보상하고 싶어 주변을 둘러보았지만 그들은 이미 사라진 뒤였다. 그래서 곧바로 전화를 해보았는데 그들은 이미 "병원을 향하고 있다"고 말했다.

예정되어 있었던 모임에 참석하여 지인들과 식사를 하고 있는 중에 그 남자로부터 병원으로 오라는 전화가 걸려왔다. 나는 식사를 중단하고 함께 자리하고 있던 친지 두 사람과 함께 급히 병원으로 가서 피해자를 다시 만났다.

남자는 응급실 침대에 앉아 있었는데 긁힌 다리는 붕대로 감겨 있었다. 상황을 물어보니 그는, "X-Ray 판독결과 뼈는 문제가 없다"며 그러나 "인대가 늘어났을 가능성이 있다"고 말했다. 그는 또 "처음에는 몰랐는데 지금은 다친 부위가 아프다"고 말했다. 사고 현장과 병원이 제법 먼 길(차로 10여분 거리)이라는 것이 생각나 "당신이 직접 운전하고 여기까지 왔느냐?"는 나의 질문에 그는 "그렇다" 고 말했다. 그때 옆에 있던 여인과 그 친정어머니로 보이는 이가 "다친 곳은 왼쪽이기 때문에 운전은 문제가 없다"고 방어적으로(?) 설명했다.

처음 봤을 때 너그럽고 호인 같던 인상의 그는 어디로 갔는지 사라지고, 아픈 표정을 한 그는 두 여인이, 특히 장모로 보이는 이가, 일 못 나가는 비용 등 돈 문제에 대해 이야기하는 것을 조용히 듣고 있었다. “앞으로 보험회사에서 나를 대신해서 일처리를 할 것이다”고 하자 그녀는 “그럴 경우 일당을 너무 적게 계산한다”면서 가해자인 내가 “특별한 신경을 써야 한다”는 뜻의 말을 했다. 그들은 병원에 빈자리가 없으니 입원은 못하고, 통원치료를 한다며 떠났다. 남자는 붕대와 보호대로 덮인 다리를 절룩거리며 여자들 뒤를 따라갔다.

이상이 어제 겪은 나의 사고와 그 후 상황이다. 보험회사에 연락하고 병원과의 사무 처리를 한 후, 우리는 찻집에서 일행과 다시 모여 잡담하고 놀았다.

남자의 전후前後 변화를 떠올리며 ‘어느 것이 그의 진짜 모습일까?’ 하고 생각해본다. 아마도 둘 다일 것이다. 추측컨대 그는 순간적으로, 습관대로 타인을 정직과 선의로 대했지만, 약간의 시간이 지난 후 자신에게 이익을 가져올 수 있는 다른 방법이 있다는 것을 알고 아내와 장모의 충고대로 전략적 처신을 하기로 한 것 같다.

요즈음 어디서나 들리는, 세월호 관련한 ‘지켜주지 못해 미안해’, ‘잊지 않을게’ 등등 감상적인 언어들 그리고 선거기간 동안 후보들의 온갖 ‘착한 이야기들’을 들으며 좀 취한 듯했던 나의 정신이,

어제나 오늘이나 결국 변함없이 이익을 좇는, 나를 닮은 사람들의 민낯을 만나면서 '화들짝' 깨어나는 것 같다.

* 제법 오랜 시간이 지난 후에도 연락이 없어서 보험회사에 문의했더니, 그 피해자인 남성은 몇 군데 병원을 전전하다가 아무 데서도 보상이 필요하다는 진단을 받지 못한 채 상처가 아물고 말았는지, 사건은 그대로 종결되었다고 한다.

말 많은 사람들

나는 요즘 도리스 레싱Doris Lessing의 『황금 노트북The golden notebook』을 읽고 있다. 635쪽 중에서 이제 100쪽을 갓 넘겼으니, 많이 읽은 것은 아니지만 벌써 특별한 느낌을 받고 있다. 무엇보다 '참 말이 많다' 그리고 '재미있다' 는 생각을 종종 한다. 사건보다는 생각 중심으로 돌아가는 이런 소설을, 내가 흥미를 느끼며 열심히 본다는 것이 좀 신기하다.

과거 중학교 다닐 때 도스토옙스키의 『죄와 벌』을 읽는다고 가지고 다닌 적이 있다. 한두 쪽 보다보면 어느새 잠이 들곤 했던 기억이 아직도 분명하게 남아 있다. 대학생이 되어 다시 그것을 손에 잡았을 때는 재미에 있어서 좀 나았지만, 그때도 몰입했다기보다는 목표를 달성한다는 자세로 읽었던 것 같다.

레싱의 이 책은 많은 면에서 도스토옙스키를 볼 때의 느낌을 떠올리게 한다. 몇몇 사람들의 하루 저녁 모임 이야기를 수십 쪽에 걸쳐 설명하는 것이나, 사건은 진전되지 않는 가운데 나오는 인물들에 대한 배경 설명이 끝없이(?) 이어지는 것 등, 어린 독자들을 지루하게 할 만한 많은 요소들을 가지고 있다.

하지만, 지금의 나는 이 책을 아주 재미있게 읽고 있다. 시원찮은 영어실력과 옛날 같지 않은 눈의 지구력 때문에 하루에 겨우 10여 쪽 정도를 보고 있지만, 나는 몰입해서 읽고 있다. 주로 새벽에 책상에 앉아서 보는데, 중간에 그만두기가 어려워 아침식사가 늦어진 적도 여러 번 있었다. 마음에 와 닿는 문구들을 공책 – 황금색은 아니지만 나도 이것저것 기록하는 나만의 공책이 있다 – 에 적기도 한다.

작가들은 하고 싶은 말이 아주 많은 사람들인 것 같다. 그것을 가능하게 하는 폭넓고 깊은 생각들은 경이롭다. 작은 움직임에서 근본의 변화를 감지하고, 진부한 일상의 사소한 것들에 의미를 부여한다. 당연한 것으로 받아들였던 것들에 의문을 제기하고 새로운 해석을 한다. 어떤 시인이 말하는 '다만 하나의 몸짓에 지나지 않은 것을 꽃이 되게 하는 이들' 아니면 '애매한 것을 확실히 정해주는 이들' 이 바로 작가들인 것 같다는 생각을 해본다.

나도, 소설은 아니지만 블로그를 만들어 거기에 글을 쓰고 있다. 주제를 한정하지 않고 일상의 경험 속에서 나의 생각과 느낌을 확실히 하고, 그것들을 다른 이들과 공감하고자 하는 것이 글을 쓰는 나의 목적이다. 이런 스스로의 생각에 나는 더 이상의 의문을 가지지 않고, 그것을 하나의 완성된 글짓기 명분으로 여겨왔다. 그런데 바로 이 부분에도 레싱은 생각할 거리를 던진다. 안나의 혼잣말을 빌어 그녀는 말한다.

"Why do I always have this awful need to make other people see things as I do? It's childish, why should they? What it amounts to is that I'm scared of being alone in what I feel."

"나는 대체 무엇 때문에 남들이 나의 시각에서 세상을 보아주기를 그토록 바라는가? 이는 유치한 짓이다. 그들이 왜 꼭 그래야 하는가? 결국 '내가 어떤 생각을 떠올렸을 때, 아무도 내 생각을 공유해주지 않는 상황을 나는 두려워하고 있다'는 결론이 나온다."

재미있는 시각 아닌가? 때때로 만나게 되는 이런 문구들 때문에 나는 부지런히 영어사전을 찾아가며 책을 읽는다.

나에게도 "말이 많다"는 말을 하는 이들이 더러 있다. 특히 여러 가지 증거까지 대며 주장하는 아내의 이 말에, 나는 어느 정도 긍정할 수밖에 없는 경우가 종종 있다. 하지만 블로그에 글을 쓰기 시작한 후로, 나는 스스로의 말 수가 좀 줄었다는 느낌이 들 때가 있다. 다른 이들에게 말하고자 하는 욕구가 작문하면서 많이 해소되는 것 같다. 어쩌면 작가들도 바로 이런 이유로, 생각하고 그것을 글로 표현하는 일을 계속하고 있는 것일까?

기분이 좋아질 때

나이가 들어가면서 그리고 최근 가깝게 지냈던 이들의 죽음을 보면서 나는 '어떤 때 나는 즐거운가?' 하고 자문해 보곤 한다. 이런 생각은 '나는 무슨 재미로 살아가는가?', '늙고 병들었을 때, 사는 것이 아무 의미도 없다고 느끼는 그런 순간이 올까?' 그리고 '그때 나는 자신의 생사를 나의 의지로 결정해야 하는 것일까?' 등등의 질문으로 이어진다.

간절히 원했던 것이 이루어졌을 때 나는 기뻤다. 큰 아이가 외무고시에, 그리고 작은 아이가 연세대 법학전문대학원에 합격했을 때 나는 좋았다. 몸이 원하는 것이 해소될 때도 기분이 좋아진다. 운동하고 난 후 마시는 물, 점심 먹고 즐기는 한숨 낮잠도 좋다.

그러나 무엇보다 스스로의 존재 가치를 느끼는 순간이 나는 좋다. 아내와 아이들의 존중하는 눈빛을 바라보며 이야기를 할 때 나는 흐뭇하다. 요즘 취미로 쓰고 있는 이 블로그의 글들에 대한 평들 속에서 내가 원하는 것을 발견할 때도, 나는 비슷한 느낌을 받는다. 이런 경험들은 내 마음속에 열정을 키운다. 따뜻한 세상을 느끼며, 떠오르는 생각을 더욱 분명하고 치밀하게 표현하려 애쓰게 된다.

쓰다 보니, 나 자신의 노력을 통한 성취들 중에서는 내 기쁨의 원천으로서 언급할 것이 별로 없다는 생각이 든다. 신경을 많이 써서 치밀하게 안배한 일이 제대로 돌아갈 때, 나는 당연히 보람을 느끼고 통쾌하다. 하지만 이런 것들은, 그 목적이 대부분 나 개인 아니면 기껏해야 나의 가족의 범위를 넘어가지 않는 일들이라, 그저 생활의 일부처럼 느껴진다. 따라서 그 좋은 기분의 여운도 오래가지 않는다.

지금 나는 태양광 발전을 위해 축사지붕 공사를 하고 있다. 돈도 많이 들고 이것저것 신경 쓰이는 것들이 제법 있다. 이 일을 추진하는 목적은 당연히 이익이다. 친환경에너지 생산이라고 하지만 이런 명분은 솔직히 내 마음에 크게 와 닿지 않는다. 생산된 전기의 구매를 보장하는 정부의 정책을 검토하고 예상되는 수익을 계산하는 것이 나의 주요 관심사다. 이것들은 필요한 일이라고 생각하지만, 그 일이 크게 즐거운 것은 아니다.

오래가는 감동은 역시 다른 사람들과의 연관 속에서 나오는 것 같다. 나 개인을 넘어서는, 보편적인 아름다움을 추구하는 데서 생기는 느낌과 생각을 다른 이들과 공감할 때 그 울림은 크고 오래간다.

내가 최근 동네일에 열의를 가지고 참여하려고 ○○추진위원회에 들어갔다가 여러 가지 이유로 후퇴한 것이 마음에 조금 걸린다. 사람들과 부대끼며 동지애를 맛보고 싶었지만, 현실은 간단치 않다는 것을 다시 한 번 절감했다. 특히 나의 '사회부적응 성격'이 그런 결과를 초래한 이유 중의 하나라는 데 생각이 미치면 자기비판의 감정이 생겨 뒷맛이 씁쓸해진다.

글을 통해 나를 표현하고, 그것을 화제 삼아 다른 사람들과 이야기하는 것이 요즘 나의 큰 즐거움이다. 이런 경험을 통해, 소설책이나 잡지를 볼 때의 나의 관심사도 좀 달라졌다. 글 속에서 만나는 마음에 드는 문장들이 반갑다. 나는 그것들을 공책에 적어 놓기도 하고 외우려고 노력도 한다. 독서와 작문 등등 이런 즐거움들은 육체적 기능들의 쇠퇴 속에서도 비교적 오래 추구할 수 있는 것들이다. 스스로의 존재가치를 오랫동안 느끼는데 아주 좋은 방법이라고 생각한다.

언젠가 읽은 글에서 어떤 작가가 "사는 의미가 없어지는 순간을 상상할 수 있느냐?"는 질문에 "컴퓨터 자판을 더 이상 칠 수 없을 때"라고 답한 것이 내 마음에 남아 있다.

왕따의 나라

우리 집 소들은, 약 40평방미터 공간에서 보통 네 마리씩 한 무리로 살아간다. 구경하는 손님들 눈에는 순한 것들이 그저 평화롭게만 지내는 것으로 보이지만, 속을 들여다보면 꼭 그런 것만은 아니다. 그것들 내부에는 그들 나름의 권력관계에 기반을 둔 질서가 있다. 이런 점은 출산, 출하 등의 이유로 구성원이 바뀔 때 분명하게 드러난다. 신입 소와 기존의 것들은 서열이 확실해질 때까지 싸우는데, 이는 때때로 아주 치열하다. 그 두껍고 질긴 소가죽에 상처들이 생기고 심지어는 뿔이 부러지기도 한다. 그 광경을 바라보는 주인의 입장에서는, 당하는 것이 특히 암소일 경우, 그 뱃속에 들어있는 새끼 걱정에 불안 불안하다.

힘이 넘치고 활발한 소들은 싸움에 패배한다 해도 며칠 지나면 적응한다. 조직의 질서 속에서 나름의 자리를 찾는 것이다. 그런데 가끔, 완전히 따돌림을 받는 것들이 생긴다. 이것들은 먹이통에 접근을 못하기 때문에 다른 소들과 같이 식사를 할 수가 없다. 모든 다른 소들이 배척하기 때문에, 우울증 있는 사람들처럼 구석에 우두커니 서 있는 때가 많고, 당연히 살도 빠진다. 이 왕따현상은 '반편성'을 다시 하지 않는 한 시간이 가도 고쳐지지 않는다. 나는 주로 이것들을 새로운 '반편성' 즉 더 작고 어린 것들하고 합사하는 방법을 통해 문제를 해결한다.

며칠 전 나는 TV에서 강용석, 김구라 그리고 내가 이름을 모르는 또 한 사람이 유병언에 관해 이야기하는 것을 보았다. 제법 오랫동안 그들은 유를 비난했는데, "종교를 말하는 것이 아니라 그의 배임 횡령죄를 지적하는 것이다"며 도망 다니는 그를 "비겁하다"는 등 인신공격성 발언도 많이 했다. 그 세 명은 유를 일방적으로 매도하기로 작정하고 나온 듯했다.

나는 이런 식으로, 이미 수세에 몰려 저항할 수조차 없는 입장에 있는 이를 여러 명이 안전한 스튜디오에 앉아서 일방적으로 공격하는 것을 볼 때, 마음이 불편해진다. 더구나 강용석 등은 유와 관련해서 내가 궁금해 하는 '유의 개인적인 비리와 세월호 침몰이 어떤 직접적인 연관이 있는가?' 또는 '한국 검찰은 유를 세월호 침몰로 인해서 조사하고 체포하려 하는데, 그의 책임이라는 것이 구체적으로 무엇인가?' 그리고 '혹시 여기에 정부의 책임전가를 위한 희생양을 찾는 불순한 의도가 있는가?' 등의 문제는 중시하지 않았다. 이런 이유로, 화제를 바꿔가며 말재주를 뽐내는 그들이, 이미 패배를 인정한 상대를 끝없이 괴롭히는 소들이나 또는 주인에게는 언제나 상냥하게 꼬리치지만 약한 사냥감에게는 매우 잔인한 공격성을 보이는 사냥개들과 겹쳐 보였다.

이런 느낌은 한국검찰의 이석기에 대한 태도를 볼 때도 있었다. 이가 언급했다는 RO(Revolutionary Organization)의 실체가 무엇인지 나는 모른다. 언젠가 한국의 법무부장관도 국회에서 "잘 모른다"고 답했던 것 같다. 하지만 나는 적어도 "북한과 공조해서 남한에서 혁명을 일으킨다"는 말이 21세기 대한민국에서 현실적으로 의미가 없다는 것은 안다. 나는 '이가 조금 이상한 사람이다' 고 여기며, 관련 사실들이 세상에 제대로 알려지기만 하면 이 문제는 자동적으로 해결되리라고 생각하고 있다.

한국의 검찰은 이석기 처벌 뿐 아니라 그가 속한 통합진보당의 해산을 도모하고 있는 것 같다. 아마도, 한국 검찰은 자신에 대한 국민 여론이 '나쁘지 않다' 고 생각하고 이 기회에 '엄정한 법 집행자의 이미지를 드높이겠다' 고 결심한 듯하다. 그러나 한국 검찰의 지금까지의 권력자들에 대한 태도를 고려해볼 때, 역시나 내게는 앞에 말한 소들이나 개의 이미지가 겹쳐진다.

문제의 핵심은 불공평하다는 것이다. 약자에게는 잔인하고 권력자에게는 너그러운 것이 바로 '왕따 문화' 의 핵심 아닌가? 휴전선에서 따돌림 받던 병사가 열 받아 총을 난사해서 동료를 살해하는 일이 벌어졌다. 사람들은 단순히 우리 군 내부의 문제처럼 말하지만, 내가 보기에 이 왕따 문화는 우리사회 전반에 퍼져 있는 듯하다. 특히 사회문제를 지적하고 그것을 바로잡는 역할이 기대되는 언론과 검찰 자체가 그런 식의 사고를 선도하고 있는 듯해서, 당분간은 개선될 여지도 별로 없어 보인다.

내가 생각하는, 왕따를 벗어나는 방법은 - 당하는 입장에서 - 첫째도 저항, 둘째도 저항, 셋째도 저항이다. '억울하지만 귀찮고 겁나서 피한다' 면 상황은 더 악화되고 비참한 기분으로 우울해질 수밖에 없다. 끝까지 항거하고 버텨서 강자가 '괴롭히는 것도 힘들어서 못 하겠네' 라고 생각하며 타협을 원하도록 해야 한다. 이것 밖에 다른 길은 없다. 우리 집 소들의 경우 그렇다는 말이다.

우리 집 소들은 내가, 그들의 고기와 새끼를 귀하게 여겨, 최후의 방법으로 '반편성을 다시하기' 등을 통해 왕따 문제를 해결해 준다. 하지만 인간 왕따들은 누가 무엇을 귀하게 여겨 그들을 도와야 하는 것일까? 철학적인 논의도 필요할 때인 것 같다.

본성과 이성

내가 헬스클럽에 다닌 지 8개월이 지났다. 지난겨울부터, 중간에 치질수술로 잠시 중단한 기간을 제외하면, 꾸준히 일주일에 3~4번씩 체육관에서 운동을 했다. 성과도 있어, 처음엔 겨우 3개 할 수 있었던 턱걸이를 이젠 10개 하게 되었고, 샤워 전후 거울에 비친 나의 상체는 커진 근육으로 제법 울퉁불퉁해졌다. 아내를 비롯한 다른 이들은 별 말이 없는 것으로 봐서 내 몸의 변화를 별로 느끼지 못하는 듯하지만, 내 눈에는 확실하게 보인다. 고질인 허리통증도 많이 완화되었다.

몸에서 여러 가지 긍정적인 효과를 느끼며 나는 며칠 전 오랜만에 – 신경 쓰이는 것이 싫어서 평소 나는 체중계에 잘 올라가지 않는다 – 상당한 감량을 확신하며 몸무게를 쟀다. 그러나 매우 실망스럽게도 지난겨울 체육관에 다니기 시작할 때에 비해 1킬로도 변화가 없었다. 컨디션과 함께 식욕도 좋아져 운동량과 먹는 것이 상쇄되어 체종이 그대로 유지된 것으로 보인다.

마음이 가는 대로 행해도 그것이 법에 어긋나지 않는 경지가 있다고 들은 것 같은데, 나의 도道의 수준은 너무 낮아, 몸과 이성의 원하는 것이 서로 많이 다르다.

축사 쪽 언덕에 사과나무가 몇 그루 있다. 수년 전에 묘목상에서 부사 종種을 사다가 심었는데 이것들은 좀 까다로워서 가꾸기가 어렵다. 무엇보다 열매가 너무 많이 열려, 많이 솎아주지 않으면 시간이 지나면서 그 무게로 가지가 부러지거나, 뿌리가 약한 나무 자체가 넘어지기도 한다. 감나무도 바람이 심하게 불면 열매가 많이 달린 가지가 부러지는 경우가 있지만, 이 사과나무들은 그 정도가 심하다.

한마디로, 누군가 돌봐주지 않으면 혼자서는 제대로 성장할 수 없는 것들이다. 종자를 개량하는 사람들이 농부들의 수익 극대화를 목표로 이처럼 불균형한 것들을 만들어 낸 듯하다. 세심하게 돌봐줄 수 없는 나는, 이상한 모습으로 자라는 그것들을 볼 때마다 마음이 불편해져서 '언제 기회 봐서 이것들을 전부 파버리고 열매가 좀 시더라도 튼튼한 재래종을 구해서 심어야겠다' 고 생각하고 있다.

하지만 오늘처럼 비만을 부르는 내 몸의 욕망을 떠올릴 때는 개량종 사과나무의 뒤틀어진 본성이 남의 일 같지 않다. 다행히 나는 나무들과는 다르게 그것을 조절할 수 있는 이성이 있다.

며칠 전부터 약간의 배고픔을 습관화하려고 노력하고 있는데, 참는 데서 오는 고통이 점점 커지고 있다. 여름이 가기 전에 한 5킬로 빼고 싶은데 잘 될는지 모르겠다. 빨래판 같은 내 복근을 사진으로 찍어 조카들에게 보내주고 싶은데…….

적절한 이름사용

"Always use the proper name for things. Fear of a name increases fear of the thing itself"

"모든 것에 항상 정확한 명칭을 사용하여야 해. 무언가의 명칭에 대한 두려움은 그 대상에 대한 두려움을 키운다."

〈해리 포터〉에서 덤블도어가 한 말이다.

세월호 사건이 본질적으로 '교통사고' 가 아닌가? 그것을 그렇게 부를 때 일부 한국인들은 왜 그렇게도 불쾌해 하고, 심지어 어떤 경우는 '모욕적으로' 받아들이는 것일까? 아마도, 그 속에 들어 있는, 사건의 의미를 축소하려고 하는 의도를 경계하는 것인 듯하다. 하지만 세월호 침몰사건이 교통사고 범주에 들어가는 것만은 분명하다. 이 점을 부인한다면 그것에 대한 생산적인 논의는 불가능하다. 왜냐하면, 사실과 의견의 구분이 확실하지 않고서는, 이견을 가진 집단

간에 기본적인 것에 대한 최소한의 공감 도출도 어려울 것이기 때문이다.

노무현이 바위산에서 투신해서 죽었을 때 그의 지지자들은 '자살' 이라는 단어를 기피했다. 그런 단어를 사용하는 이들을 거의 적대시하며 굳이 '서거' 라는 말을 고집했다. 그 당시 노에 대한 우호적인 감정을 가지고 있던 나는, 그에 대한 한 추모 사이트에 '자살의 이유를 묻는 글' 을 쓴 적이 있었다. 제대로 된 답을 받지 못한 것은 물론이고, 다음날 보니 나의 글은 삭제되어 있었다. 나는 '통쾌한 사나이' 노무현의 주변에, 진실보다는 패거리 정서를 우선하는, 투철하지 못한 자들이 많이 있어서 그런 것 같다고 생각하며 유감스러웠다. 당연히 나는 그 후 그와 관련한 모든 행사는 가식과 위선이 들어 있을 것이라고 추측하게 되었다.

이런 느낌은 김대중이 죽었을 때도 있었다. 장례 행사는 TV로 전국에 생중계 되었는데, 거기에서 사회를 보던 이가 고인에 대해 극존칭을 썼다. 내게는 마치 하나의 코미디 아니면 사이비 종교의 교주에 대한 광신도의 태도처럼 보였다. 아마도 자신들 내부에서 쓰는 언사들을 그대로 장례 때 공개적으로 사용한 듯했다. 그러나 국민을 대상으로 도대체 누구를 높여 부를 수 있는 것일까? 나는 이 사건 후 김에 대한 나의 존경심이 약간 손상된 것을 느꼈다.

현직 대통령을 언급하는 대변인들의 발언 속에도 애매한 표현들이 있다. 기자들을 앞에 두고 말하는 것이지만, 사실 국민에게 이야기하는 형식인데도 그들은 '~하시고' 하는 표현을 쓴다. 자신들의 마음속에서 '정말 귀한 분'이라, 대통령이 존경한다는 국민에게도 자신들의 '보스'를 어느 정도는 높여서 말할 수밖에 없는 그들의 입장이 안타까워 보인다. 물론 그것을 용인하는 한국 대통령들의 생각에 대해서도 나는 의구심을 가지고 바라보게 된다.

'세월호 특별법' 관련해서 논란이 많다고 한다. 어떤 안 – 유족들의 입장은 아니라고 한다 – 을 보니 희생자들을 의사자로 대우하고 단원고 학생들을 대학에서 특례입학 하도록 하는 내용도 들어 있다. 누가 그런 안을 내는지 정말이지 어처구니가 없다. 의로운 일을 한 사람을 의롭다고 해야지 순전히 억울함을 달래주는 뜻으로 그렇게 부른다면, 그것이 뭔가? 이런 식의 태도는 '진짜 의사자들'에 대한 모욕일 뿐만 아니라, 유족들에게도 황당한 경우일 것이다.

한마디로 예가 아니다. 예는 본래 구분에 그 의미가 있지 않겠는가? 앞에 말한 덤블도어의 말도 따지고 보면, 어떤 경우에 임해서 적절한 언사와 행동을 권하는 우리 전통 예禮의 다른 표현 아니겠는가?

한국 사회에서 많은 혼란의 중심에는 적절한 명명을 어렵게 하는 '공포', '아부', '무원칙'의 문화가 자리 잡고 있는 듯하다. '과례는 비례다'는데, 현대 한국에는 왜 이렇게 '벌거벗은 임금님'들이 많아지는가?

흥미로운 인간

나이가 들어 노인이 되어도 계속 누군가에게 흥미로운 인간으로 남을 수 있을까? 재산이나 권력 등 신외지물身外之物들이 별 의미가 없어지는 그때에도 개성 있는 존재감을 뿜어내는 특별한 사람일 수 있을까?

쉽지 않아 보인다. 주변의 노인들을 돌아보면 확실하다. ○○댁은 귀가 먹기 전에도 아들 손자 이야기 외에는 할 말이 없었다. ㅁㅁ댁은 남들 흉보는 것 그리고 역시 자기 자식들 자랑 외에는 할 말이 없다. 그들의 착한 본성을 좋아해서, 가끔 그들을 보게 되면 기쁜 마음으로 웃고 인사하며 안부를 묻기도 하지만, 각별한 존중심이나 흥미는 생기지 않는다. 말이 길어지면 자리를 뜨기 위한 적당한 핑계를 찾을 때도 있다. 일부 남자 노인들은 나름대로 뭔가에 대한 의견들이 있는 것처럼 보이지만, 그들의 이야기들 대부분은 과거에 이미 여러 번 들은 것들이다.

노인들로부터 느끼게 되는 이 일반적인 지루함은 어디서 오는 것일까? 먼저 쇠약해진 육체와, 변화와 다양함을 기대하기 어려운 그들의 삶을 생각해볼 수 있다. 이런 점들이 기회를 찾고 도전을 추구하는 젊은 사람들의 관심사항이 아니라는 것은 분명하다. 그리고 이 부분은 바로 '노인'이라는 뜻이기 때문에 받아들일 뿐 어떻게 할 수 있는 것이 아니다.

다음으로 떠오르는 것은, 새로운 것들을 받아들이고 소화하는 습관이다. 이것도 나이와 함께 약화하는 것일까? 주변의 많은 노인들이 하루의 상당 시간을 TV를 보며 보낸다. 조용히 독서를 하거나 글을 쓰는 것을 습관화 한 노인들은 찾아보기 어렵다. 이런 식으로는 대중매체들이 쏟아내는 진부한 이야기들이 아닌, 사고의 여과작용을 거친 자신만의 의견을 갖기가 어렵다.

부모 세대의 많은 사람들이 이미 사라졌고, 남은 이들도 이제 상노인이다. 나도 이미 노인이 되어가는 길목에 서 있다. 신경을 쓰지 않으면 아내와 자식들에게 '한 소리 또 한다'는 질책을 듣는다. 지난번에 했던 이야기를 똑같은 톤과 똑같은 동작으로, 열정적으로 말하는 친구 얼굴을 보며, 내 스스로의 모습을 보는 것 같아 차마 면박하지 못하며 웃음을 참고 듣는 경우가 자주 생긴다.

'독서의 작문', '비판직 태도 유시', '열려 있을 것' 이런 것들이 내가 생각하는 '흥미로운 인간'으로 남기 위한 방법이다. 나이 들어가는 것도 유쾌하지 않은 일인데, 그 과정에서 '지루하다', '안통한다' 또는 '무식하다'는 평을 들으며 무시당하는 느낌을 받게 된다면 많이 우울해질 것이다. 지금부터라도 노력해서 끝까지 버티기를 시도는 해 봐야지.

한恨

7월 30일 보궐선거의 결과를 듣고 여러 번 탄식했다.

한국인들은 대체 어떤 순간에 이르러야 정부에 대해 잘못을 추궁하고 책임을 묻게 될까? 안기부의 선거개입 그리고 증거조작, 세월호 침몰 관련해서 드러난 정부 기관들의 무능, 그리고 문창극 등의 해프닝에서 보인 대통령의 인사 난맥상 등으로는 아직 많이 부족한 듯하다.

집권당은 이번 승리를 지금까지 그들의 정치가 국민들로부터 인정받은 것으로 여길 것이다. 사실 정치인들에게 선거결과처럼 분명한 메시지를 주는 것이 또 어디 있겠는가? 승리자의 당연한 태도라 생각한다. 그리고 바로 그렇기 때문에 나는 한숨을 쉰다.

선거결과에 대한 원인을 분석하는 말들이 많다. 그 중에서 나는

"주가가 좋다"는 이야기에 관심이 간다. 이는, 내가 사는 전남의 한 선거구에서 당선된 여당 후보 이정현이 했다는 "예산폭탄을 터트리겠다"는 말이 화제가 된 것과도 연관이 된다. 개인적으로도 나는 "여당후보를 당선시켜야 이 지역에 이익이 많아질 것이다"는 말을 이곳저곳에서 들었다.

이해관계를 따져서 투표한다는 태도는, 추측컨대 한국 전역에 일반적으로 퍼져 있는 주류문화라고 생각한다. 어떤 이들은 그런 마음을 '쿨' 한 것이라고 여기며 그것을 과시하기도 한다.

그러나 곰곰 생각해보면 우리가 소중하게 생각하는 것들은, 이렇게 이익을 쫓고자 하는 스스로의 마음을 억제(또는 거부)하고 추구하는 다른 가치들이다. 사랑 우정 의리 효 같은 것들은 이익추구와 배치된다. 억울함을 풀기 위한 복수, 비리를 시정하는 처벌, 위정자의 무능에 대한 심판 등도 이익추구와는 어울리지 않지만 우리의 자연스런 정서다. 행복의 요소라 할 수 있는 자존심이나 긍지 같은 개념도 이해관계 우선주의와는 별 관계가 없다.

얼마 전에 "당신은 안녕하십니까?"라는 말이 유행했었다. 선거결과로 미루어보면 대부분의 한국인들은 안녕한 듯하다. 국가기관이 선거에 개입을 하든 말든, 증거 조작을 해서 무고한 시민이 억울한 일을 당하든 말든, 재수 없는 일부 한국인들이 침몰한 배 속에서 오지 않은 구조를 기다리다 죽든 말든, 한국인들 대부분은 안녕하다. 주가만 좋다면 말이다.

하지만, 풀리지 않는 억울함 그리고 처벌받지 않은 비리, 심판받지 않는 무능 등을 바라보며 느끼는 손상된 정의감은, 한으로 쌓인다.

삶의 의미

헬스클럽에 꾸준히 다닌 덕에 허리통증이 완화되어 요즘 나의 생활에 활기가 좀 더해진 것 같다. 한때 엄두도 내지 못했던 2~3시간의 산행도 가능하고, 한 곳에 가만히 서 있을 때 생기는 왼쪽 다리 저림 현상도 남아 있기는 하지만, 견딜 만하다. 게다가 체육관 운동에 최근 절식 효과가 더해져 체중이 좀 감소하고 뱃살도 약간 빠졌다. 다른 사람들 눈에도 차이가 보이는지 "날씬해졌다", "좋아 보인다"는 말들을 종종 듣는다. 옛날과 다르게, 샤워하기 전 나의 벗은 몸 – 특히 배 부분 – 을 자꾸 바라보는 버릇도 생겼다. 길을 가다가도 가게 유리창에 비친 나의 모습을 쳐다보곤 한다.

하지만 운동하고 돌아와 점심 먹고 쉬는 때는 몸도 마음도 퍼지는 경우가 가끔 있다. 특히 요즘처럼 비오는 날이 많은 때는, 방에 들어 앉아 오후 내내 TV를 켜놓고 끝없이 빈둥거리며 보내기도 한다. 이럴 때는 체육관에서 땀 흘리는 것이나 배고픔을 참는 것 심지어는

7년째 금연하고 있는 것 등등 내가 애써 노력하는 모든 것이 부질없다는 생각이 들기도 한다. 때때로 컴퓨터 앞에 앉아 머리를 굴려가며 블로그에 글 쓰는 것도 귀찮은 일처럼 느껴져 그야말로 멍청하게 시간을 보낸다.

얼마 전에 자살한 미국인 배우 로빈 윌리엄스에 대한 기사를 보다가 그의 우울증을 설명하는 내용 중, 그것은 "자식이나 아내, 사랑하는 모든 것 그리고 무엇보다 자기 자신에 대한 감정이 없어지는 것이다"는 부분을 보고 깜짝 놀랐다. 왜냐하면 나에게도 그런 느낌이 있었던 것 같기 때문이다.

'삶의 의미' 라는 것은 평생 안고 가는 화두다. 특정 종교나 믿음이 없는 나 같은 이들에게 이것은, 분명한 해답이 없는, 부담스럽기만 한 문제로 느껴지기도 한다. 삶과 현재가 덧없다고 생각할 이유는 차고 넘친다. 나의 50여 년 인생의 추억 속에는 영원한 이별을 한 친인들의 수도 여럿이다. 가끔 나는 몸의 고장과 삐걱거림이 회복될 수 없는 쇠퇴의 징후라는 것도 잘 알고 있다. 제한된 삶의 기간과 저항할 수 없는 운명적인 것들이 달콤한 느낌을 주기도 한다.

가혹한 경쟁의 세상에서 잘나가는 이들도 일정 시간이 지난 후에는 결국 나와 별 차이가 없는 결말을 맞을 것이라는 생각은, 우울한 색깔이지만 분명 위로가 되기도 한다. 얼마 전, 잎에 밀한 나의 빈둥거리는 오후에 나는 〈불후의 명곡〉이라는 프로그램의 재방송을 보았다. 거기에서 '바다' 라는 가수가 부른 「死의 찬미」를 들으며, 그 가사와 슬픈 곡조에 몰입하고 있는 나를 발견하고 스스로 '내가 달라졌나?' 하는 생각을 했다.

결론은 감정이다. 내 삶의 의미는 사랑하는 사람들 또는 미운 놈들과 부대끼며 느끼는 감정 속에 있는 것 같다. 『생의 한가운데Mitte des Lebens』에서 루이제 린저가 말하는 "삶의 의미는 찾으면 찾을수록 애매해진다. 그러나 주변 인간들과 교류하고 사랑하다보면 그것은 자명해진다"는 말에 – 읽은 지가 오래되어 정확한 인용인지에 대해서는 자신이 없지만 – 나는 공감한다.

내 생일에 이웃집 아이가 주었던 작은 선물이나 딸이 보낸 짤막한 축하 글에 나는 감동한다. 내가 쓴 블로그 글을 명문이라고 칭찬하는 친구의 말에도 나는 감동한다. '사람들이 몰라서 그렇지 알기만 한다면, 그 친구 한 사람뿐 아니라 수백 수천 어쩌면 수천만 명이 나의 글을 좋아할지도 모른다' 고 공상하며 즐겁게 시간을 보내기도 한다. 어제 만난 작은딸에게 이 이야기를 했더니 그녀는 회의적인 표정으로 나를 보며 "좀 심한 것 아니예요?"라고 말했다. 어쨌든 나는 스스로가 싫어질 정도로 빈둥거리다가도 이런 작은 감동을 떠올리면, 다 떨치고 일어나 체육관을 향하고 컴퓨터 앞에 앉아 정신을 집중해서 글을 쓴다.

다른 사람들이 노인들에게 "오래 오래 건강하게 사세요!"라고 하는 인사말을 들을 때가 있다. 그때 나는 '왜?' 라는 의문을 떠올리며 나름의 이유를 찾곤 한다. 내 경우를 생각해 보면, 첫째는 오래오래 살면서 좋아하는 이들이 행복해 하는 것을 바라보고 싶다. 그리고 미운 놈들이 불행해지고 죽어가는 것을 보는 것도 좀 고소할 것이다. 어쨌든 오래 살아야 흥미로운 구경거리를 많이 만날 것 아니겠는가?

요즈음 세월호 특별법 관련해서 단식하고 있는 김영오에 대한 글들을 자주 보게 된다. 나는 기본적으로 딸을 잃은 그의 입장을 안타까워하며, 재수 없는 피해자의 신분으로 공익을 위해 투쟁하는 그에게 약간의 미안함 같은 것을 느끼고 있다. 특히 그의, 다른 이들에게는 피해를 주지 않고 자기에게만 해를 주는 단식투쟁 방법은, 간디를 연상케 하며 내 마음에도 울림을 준다. 물론 청와대행 동영상에서 본 그의 태도나 말에 '영웅 티' 가 있는 듯해서 웃기도 했다.

그러나 한편으로, 그를 비난하거나 또는 지지하는 이들의 거친 글들을 읽다보면, 역겨움과 함께 막연하지만 불안감까지 느낀다. 김영오의 전 처남이 썼다는 그를 비난하는 글이나, 이산이라는 뮤지컬 배우가 쓴 그를 모욕하는 내용을 보며 '그들은 김영오가 아무런 직접적인 피해를 주지도 않았는데 왜 이렇게 심한 말들을 하는 것일까?' 하고 생각해본다.

어쩌면 그 사람들도 나처럼 삶의 의미를 찾아 해매고 있는 것일까? 억지로라도 미운 놈을 만들어 증오하는 맛으로라도 삶을 계속하겠다는 절박한 입장인 것일까? 지지하는 이들의 말속에도 삶을 희화화하는 거칠고 가벼운 언사들이 아주 많다. 도처의 영혼들이 불안해 보인다.

나의 하루

밖은 어둠이 내리고 있다. 오늘 하루를 돌아본다. 남을 위한 일 세 가지를 한 것 같고, 내가 고마워해야 할 경우가 하나 있었다.

아침에 축사에서 나오다 만난 강릉댁과 우연히 생각이 일치해서, 함께 인근 요양병원에 다녀왔다. 알고 지냈던 이웃 노인들이 여럿 그곳에 있다. 같은 요양원에 가는 것이었지만 강릉댁과 나는 만나보고 싶은 사람이 달랐다. 나는 약 3년 전까지 가끔 어울리며 즐거운 시간을 같이 보냈던 독굴양반 내외를 보러 갔다.

마침 영감은 광주의 치과에 가고 없었고, 아주머니만 물리치료실에서 누운 채로 반갑게 맞아주었다. 이것저것, 마을 사람들이나 두고 나온 집 관련해서 많은 이야기를 했다. 요양병원에서 보낸 시간만 벌써 몇 년이다. '편안한' 요양원 생활로 볼에 살도 찌고 살빛도 희어졌지만, 하고 싶은 말들은 가슴에 많이 쌓여 있는 듯했다. 아주머니는 올해 79세고, 영감은 81세라고 했다. 주로 그녀의 이야기를 들으며 10여 분 시간을 보내고 나왔다. 돌아오는 내내 그리고 지금도, 흰 머리카락의 무표정한 얼굴로 병원 유니폼을 입은 채 천천히 움직이던 노인들의 모습이 머릿속에 남아 있다.

돌아와 잠시 쉬고 있는데, 몇 년 전 혼자되어 소를 키우는 송길리댁이 전화를 했다. 구제역백신 예방주사를 놓아달라는 부탁이었다. 작업복으로 갈아입고 자전거를 타고 가서 간단하게 해결했다. 묶여 있는 소 5마리를 주사하는 것은 나에게 이제 쉬운 일이다. 그녀는 활짝 웃는 얼굴로 고맙다며 마른 고추 한 보따리를 주었다.

해름에 풀을 베려고 예초기를 손질하다가 나의 화물차에서 기름이 새는 것을 발견했다. 얼마 전부터 주차장 바닥에 기름 흔적이 있는 것을 보고 원인이 무엇인지 찾고 있었는데, 딱 현장을 보게 된 것이다. 풀베기를 보류하고 차를 끌고 동네 카센터에 바로 가서 고쳤다. 큰 고장일 수도 있다고 생각하며, 차를 맡기고 돌아올 것을 대비해서 자전거를 화물칸에 싣고 갔는데, 카센터 이사장의 잠깐의 손놀림으로 일은 간단하게 마무리되었다.

그는 대가를 받는 것을 거부했다. 이 정도의 기술 제공은 동네사람들에 대한 서비스라는 투였다. 할 수 없이 나는, 사양하는 나에게 고추 한 포대를 주며 활짝 웃던 송길리댁을 떠올리며, 신세진 기분으로 그냥 돌아왔다.

집에 도착하니 옆집 석정댁이 손에 우편물 같은 것을 들고 나를 기다리고 있었다. 집안에 들어가서 돋보기를 꺼내와 자세히 보니 주민세 독촉장이었다. '전에 나온 고지서를 돈과 함께 마을 이장부인에게 주었는데 이런 것이 나왔다' 고 잠시 궁시렁대던 그녀에게 '시의 착오일 수도 있고 이장이 잊어버렸을 수도 있지만, 고의는 아닐 것이니까 좋은 얼굴로 이 독촉장을 가져다 보여주세요' 라고 말했다.

그녀는 가서 할 말을 몇 번 혼자 연습하고 가더니 곧 환한 표정으로 돌아왔다. 우리 집 감나무 밭을, 축사로 향하는 나와 함께 지나면서, 그녀는 떨어진 홍시를 몇 개 주우며 '다 커가지고 떨어지네~' 하고 안타까워했다. 말로는 아까워서 줍는다고 하지만, 그녀가 주운 감들을 맛있게 먹을 것이라는 것을 나는 안다. 그녀는 수박과 홍시를 아주 좋아한다.

새벽에 읽은 타임지에서 키신저가 쓴 새 책의 내용을 설명한 글을 보았다. 외교에 있어서 이상이나 가치보다는 현실을 중시해야 한다는 그의 주장은 특별히 새로운 것이 아니었지만, 91세의 나이에 여전히 글을 쓰고 존재감을 과시하는 그의 정열과 건강이 인상적이었다. 새로운 생각을 하고 그것을 글로 표현하는 것이 나이 들면 어려워진다는 능의 말을 자주 듣는데, 꼭 그런 것만은 아니라는 것을 키신저가 행동으로 보여주는 것 같아 통쾌한 느낌도 들었다.

여러 사람들을 만나며 하루를 보내고, 지나간 시간을 되돌아보며 드는 생각은 엉뚱하게도 '쓸데없는 화를 내지 말자. 스스로를 객관화할 수 있는 한 걸음의 여유와 유머가 중요하다'는 것이다. 특히 유머는 억울함과 분노, 상처와 모욕감을 무디게 하는 데도 필요하지만 삶을 재미있는 것으로 해석하는 데 꼭 필요한 것 같다. 오늘은 미소를 많이 지었다.

씁쓸한 뒷맛

어제는 이세돌과 구리의 10번 기 중 마지막이 된 제 8국을, 중간중간에 할 일 해가며, 보았다. '바둑TV' 에서 김성룡, 박정상, 김지명이 중계 해설했다. 내가 응원했던 이세돌이 이겨서 좋았다.

한때 필승의 카리스마를 과시하며 세상을 오시하던 이들이 정상을 지나 내리막을 가는 것을 바라보는 것은 약간의 슬픈 감정을 동반한다. 과거에는 조훈현, 지금은 이창호 이세돌이 한중韓中의 신진 강호들에게 자주 지는 것을 볼 때 그렇다. 그러나 나도 이제 60을 바라보는 나이 때문인지, 그들의 빛나던 시절의 승리보다 지금의 힘겨운 투쟁에 – 물론 조금은 우울한 색깔이지만 – 더 공감한다.

나는 바둑을 즐긴다. 요즘은 상대가 없어 주로 혼자서 TV 앞에 앉아 프로들 대국 보는 것을 낙으로 삼고 있다. 익숙한 이름의 젊은 천재들을 응원하고 그들의 승리를 기대하지만, 나는 섬섬 기사들의 이면 이야기나 결과를 받아들이는 태도에도 흥미를 느낀다. 그래서 해설자들이 전해주는 프로기사들의 사는 모습이나 그들의 특기 등 몰랐던 바둑계 이야기도 재미있게 듣는다.

요즈음엔 드물지만 실제로 바둑을 두는 경우에도 나는, 승부가 물론 중요하지만, 바둑 두는 나를 객관화해서 바라보고 분석하는 것을 좋아한다. 예를 들면, 착각으로 판을 그르치고 난 후 '천하를 호령하던 조훈현 서봉수도 나이 드니 실수하고 자주 지지 않던가?' 라며 스스로를 위로한다. 그리고 다음 판에서는 중요 순간이라고 생각하면 실수예방 차원에서, 손이 먼저 나가려고 할 때면 멈추고 다시 한 번 국면을 점검하는 것을 습관화 하려고 노력한다. 바둑 관련한 온갖 격언을 동원해서 패배는 합리화 하고 승리는 더욱 빛나게 하며 즐거움을 유지하려고 애쓴다.

이런저런 이유로, 기사들의 대국뿐만 아니라 해설자들의 이야기도 나의 주요 흥미꺼리다. 그런데 한판의 대국을 보고 나면 그들의 이야기 때문에 오히려 아쉬움이 남는 경우가 종종 있다.

어떤 이는 국어를 틀리게 말한다. 그 수준이 심해 신경이 불편해진다. 예를 들면 '~시키다' 가 입버릇이 돼서 '~하고' 라고 해야 할 때 '삭감시키고', '침투시키고'…… 라고 말한다. 물론 저명인사들도 TV에 나와서 '교육시키고', '소개시키고' 라고 말하는 것을 보았다.

사회 전체가 바른 국어사용에 별 관심이 없는 것이 그 근본 원인일까?

한철균이라는 해설자는 '허술한 척해서 상대를 유인한 후 공격' 하는 경우에 허허실실虛虛實實이라는 4자 성어를 사용해서 나를 웃게 만들기도 했다. 이 허허실실이라는 것은 삼국지에서 제갈량이 의심 많은 조조를 잡을 때 "매복하면서 연기를 피우고 있으면 그가 그곳으로 올 것이다"며 관우에게 일러준 계책이다. 다시 말해 '허한 곳을 허하게 하고 실한 곳은 실하게 한다' 는 뜻이다. 엉터리 설명을 유식으로 과시하며 말하는 것까지 들어야만 하는 것은 때때로 고역이다.

어제 본 이세돌과 구리의 대국도 해설자 김성룡 등 때문에 그 뒷맛이 씁쓸하다. 모두가 승부勝負 그리고 피아彼我에만 관심이 있는 듯했다. 그저 이세돌을, 애국심을 근거로 응원하는 이야기만 있을 뿐, 한 시대를 풍미한 두 천재의 위대성을 설명하는 것은 그들의 능력 밖으로 보였다.

특히 김의 단정적인 말들은 마음을 불편하게 한다. 그는 중국인들은 바둑을 스포츠로 생각하기 때문에 전성기가 지나면 물러나는 것을 당연시 한다고 말했다. 그리고 한국도 바둑을 예나 도로 여기는 일본과 달리 스포츠로 여긴다며, 한창 때에 비해 성적을 내지 못하고 있는 이창호의 은퇴를 바라는 것 같은 말들을 했다. 상대에 대한 배려나 존중심이 결여된 매우 부적절한 말들이었다고 나는 생각한다.

언젠가 친구의 집들이에 초대받아 갔을 때 손님들이 말한, 새로 지은 집에 대한 평가가 떠오른다. 모두가 "돈 많이 들었겠는데?"라는 말만 반복하는 것을 듣고 정말 깜짝 놀랐다.

우리는 모두 『어린왕자』에서 작가가 말하는 '어른들'이 되고 말았나?

『Watching the Tree』를 읽고

『Watching the Tree』는 중국계 미국인 Adeline Yen Mah가 서양 사람들에게 중국의 전통문화를 소개하기 위해 쓴 책이다.

책에 나오는 중국의 이야기들은 영어로 쓰였지만 거의 모두가, 한국인인 나에게는 어디선가 한 번 씩 들어본 것들이다. 그러나 바로 그런 이유로 이 책은 나의 흥미를 끌었다. 왜냐하면 작가의 시각과 설명이, 내가 그동안 한국에서 보고 배운 것들과는 조금씩 다른 부분들이 있어서 참신한 느낌을 주었기 때문이다.

예를 들면 그녀는 중국문화에서 중요 요소의 하나로 명분名分을 들며, 그것을 'duty accorded by name' 이라고 번역하고, 이는 이름이 주는 위치와 역할이라고 설명한다. 작가 자신의 가족 구성원들의 관계를 예로 들어, 이 명분문화를 통해 사회적 위계질서가 어떻게 공고하게 되는지를 밝히는 그녀의 이야기는 새롭게 들렸다.

공자에 대해서도 흥미로운 내용들이 있다. 그가 사소한 것들에 까다로운(fussy and demanding) 사람이었으며, 특히 입이 짧아 음식을 몹시 가려 먹었고, 결혼 몇 년 후 그의 아내가 그를 떠났다는 부분을 보고 나는 웃음이 나왔다. 성현으로 칭송받는 그에게도 인간적 결점들이 있었다는 것이 그를 좀 더 친근하게 느끼도록 한다.

풍수風水에 관한 설명에서, 묏자리를 중시하는 중국인들 생각의 저변에 "죽은 이의 영혼이 묘지에 살며 그 영혼은 완전히 편안하고 만족할 때만 후손들의 요청에 반응한다는 믿음이 있다"는 그녀의 이야기도 재미있었다. 한국인들에게도 해당하는 말일까? 그럴듯하다. 그렇지 않다면 무엇 때문에 우리는 조상들의 묘지에 신경을 쓴단 말인가? 특정 신을 믿지 않는 나 같은 한국인들은 이 방면의 우리문화에 대해 한번쯤 마음을 정돈할 필요가 있다고 생각한다.

또 한 가지, 운기運氣 즉 행운은 곡선의 길을 따라, 살기殺氣 즉 악운은 날카로운 모서리에서 직선으로 온다는 풍수 이론을 듣고 나는 몇 가지 의문이 해소되는 것을 느꼈다. 중국인들이 주전자 주둥이가 자신에게 향하는 것을 아주 싫어한다고 들었는데, 그것이 이런 문화 속에서 나왔을 것이라고 해석하니 앞뒤가 맞는 것 같다.

내게 익숙하고 내가 잘 안다고 생각하는 것들에 대한 이야기를 영어로 쓴 글을 볼 때, 때때로 재미있는 깨달음을 얻을 때가 있다. 논리적이고 실험적인 서양식 서술이, 굳어진 관습 속에 내재화된 문화의 본뜻을 다시 생각해보게 하는 것 같다.

작가는 처음부터 끝까지 '중국인의 생각', '중국의 문화', '중국인들의 이야기'에 대해서 말한다. 그녀가 말하는 대상과 '사람들'은 나에게도 아주 익숙해서 '나의 이야기', '우리 문화'라고 해도 무방한 듯한데, 다른 사람들의 일처럼 쓰여 있는 것이 생소한 기분을 느끼게 한다. '문화란 어디서 생겨났든지 그것을 내재화 한 사람의 것이다'는 것이 나의 지론이다. 은연중에 주객主客을 구분하는 것 같은 그녀의 언사들이 좀 거슬렸다.

*『watching the tree』는 작가가 수주대토守株待兎를 번역한 영어를 제목으로 삼은 것이다. 수주대토는 중국의 고사성어로, 변통할 줄은 모르고 어리석게 지키기만 하는 일을 말한다.

지는 게임

헬스클럽에 다닌 지가 이제 거의 1년이 다 되어 간다. 거기에 한두 달 전부터 식사량을 약간 줄인 것이 주효한 것인지, 체중이 운동 시작 전에 비해 4~5킬로 감소하고 허리둘레도 허리띠 구멍 두 칸 정도 줄었다. 체육관 분위기에도 익숙해지고 기구사용 요령도 좀 늘어서, 오동통한 신입 청년회원들을 의식하며 턱걸이 10개를 폼 나게 하고 제법 무거운 쇳덩어리들을 들어 올린다. 배와 어깨의 근육도 점점 더 크고 분명해지고 있다. 샤워 전 거울 속에 비친 내 모습은, 대학생 시절 유도할 때의 나를 생각해보게 한다.

이러한 몸의 변화가 알게 모르게 나의 대인관계에 자신감으로 작용하는 듯하다. 어제와 같은, 여자들이 섞인 모임에서 나는 언제부터인지는 몰라도 똥배 문제에는 더 이상 신경 쓰지 않게 되었다. 하지만 이런 활력의 느낌은 오늘 같은 일을 겪게 되면 바로 위축되고 만다. 모든 것이 그저 희망사항이며 근자감(근거 없는 자신감)일 뿐이라는 것을 깨닫게 된다.

오늘 나는 축협에 가서 동네 축산업 동료 정씨(나와 동년배로 100마리가 넘는 소를 키운다)로부터 어제 가져온 암송아지 두 마리의 양수신고를 했다. 아침에 귀표를 확인하는데 한 마리의 그것에 소똥이 묻어 잘 보이지 않았다. 크게 쓰인 4개의 숫자 중 두 번째 것이 0인지 8인지가 헷갈렸지만 축협 직원이 서류를 보면 쉽게 지정할 수 있으리라고 생각하고 보이는 것만 대충 적어서 그냥 갔다.

하지만 문제의 소를, 축협의 지도계 직원은 정씨 소의 명단 속에서 찾을 수가 없었다. 0 대신 8을 대입해봐도 내가 적어간 숫자의 소는 없었다. 결국 나는 그 자리에서 정씨에게 전화를 해서 그가 불러준 숫자로 신고를 마쳤다. 그런데 그가 말한 숫자는 내가 적어간 것과 네 개 중에서 세 개가 달랐다. 그리고 내가 애매하다고 생각했던 그 숫자는 0도 8도 아니고 6이었다. 나는 속으로 '이럴 수는 없다. 서류와 실제 소의 귀표 번호가 다를 것이다. 그리고 그것은 정씨의 실수일 것이다' 고 생각했다. 그리고 "다음에는 (눈이 잘 보이지 않으면) 스마트폰 사진으로 찍어 오시면 됩니다"라는 직원의 말을 뒤로하고 집으로 돌아왔다.

정씨 탓할 생각을 하며 축사에 가서 그 송아지를 찾았다. 아침보다 좀 더 깨끗해진 귀표에는, 내 눈이 의심스럽게도, 정씨가 말한 숫자가 그대로 적혀 있었다. 몇 번을 다시 보았지만 내가 적어간 9048이 아닌 9610이었다.

이런 일을 한 번씩 겪고 나면 스스로에 대한 믿음이 사라지는 것을 느끼게 된다. 눈만 그러겠는가? 왼쪽 귀에 문제가 생긴 지는 오래되었다. 기억력은 어떤가? 당연히 알아야 할 이름들이 얼른 떠오르지 않아 얼렁뚱땅 돌려서 말하는 일이 점점 빈번해지고 있다.

몸의 기능과 능력의 쇠퇴를 인정해야만 하는 시절을 다른 이들은 다들 어떻게 살다 갔을까? 오래 전부터 파킨슨병 때문에, 걸음도 제대로 걷지 못하고 큰 목소리도 낼 수 없는 어머니는 짧지 않은 시간을 어떻게 견디었을까? 지는 게임도 즐거울 수 있을까? "노병은 죽지 않는다. 다만 사라질 뿐이다"는 애매한 말을 했던 맥아더는 사라져가면서 행복했을까?

You are what you produce

"You are what you produce."

"누군가의 산물産物은 곧 그 사람을 나타낸다."

요즘 읽고 있는 영어소설 『메디슨 카운티의 다리The bridges of Madison County』에서 발견한 문장이다. 들어본 적이 있는 "You are what you eat(당신이 먹는 것은 곧 당신이 된다)"라는 말과 연관해서 그 의미를 음미해보는데, 재미있다.

스스로를 돌아보고 규정해보려고 시도하는 경우가 가끔 있다. 얼마 전에 친가 쪽 사람들과 모여 앉아서 "살아온 인생에서 어느 순간이 가장 기뻤느냐?", "자기의 묘비명에는 무슨 말을 적고 싶으냐?" 등을 화제로 삼아 시간을 보낸 적이 있는데, 80대 중반의 어머니*를 제외하고는 분명하게 답을 하는 이가 없었다. 다른 문제들에 대해서는 보통 할 말이 많은 나도 막상 나 스스로를 표현하는 데에는 주춤

거렸다.

'네가 생산하는 것' 다시 말해 '너로 인해 생기는 것들이 바로 너 자신'이라고 할 수 있다면 스스로에 대한 좀 더 객관적인 시각을 가질 수 있을 듯하다. 많은 경우, 스스로에 대해서와 다른 이들을 바라보는 기준은 서로 다르다.

> **대인춘풍 지기추상**對人春風 持己秋霜
>
> 다른 이들을 봄바람처럼 따뜻하게 대하고 자신은 가을 서리처럼 엄격하게 유지하라

선친이 강조했던 이 경구는, 의식 속에는 항상 들어 있지만 세상살이의 한 전략에 그치고 마는 경우가 많다. 실제로 마음 속 깊은 곳에서는, 특별한 근거도 없이 세상을 오만하게 바라보고 자존自尊하는 자신을 자주 발견한다. 스스로의 이러한 근자감(근거 없는 자존심)을 의식하면서도, 우울한 세상에서 그런대로 정신건강을 유지하기 위한 하나의 방법이라고 생각하며 그 효용을 긍정하기도 한다.

현실에서 너무 멀어지지 않도록 자신을 객관적인 시각으로 체크해보는 것은 중요한 일이다. '몰입과 거리두기'는 다른 대상들뿐 아니라 나 자신을 바라보는 데도 당연히 필요하다.

그런데 내가 생산하는 것이 뭘까? 소를 키우고 감나무 밭을 가꾼다. 그리고 기분 나면 가끔 글을 쓴다. 미지근한 정열로 대충대충 하고 있는 이것들이 바로 '나' 라고 생각하면 기분이 묘해지지만 그것이 부정할 수 없는 내 모습이다.

나의 묘비명으로 – 묘를 만들고 그 앞 돌에다가 글을 새기는 것이 썩 마음 내키는 일은 아니다 – '농부이며 시인이고 기타 여러 가지였지만, 모든 것이 어중간했다' 정도면, 지금까지의 내 삶에 부합하긴 할 듯하다.

*어머니는 가장 기뻤던 순간으로 큰 아들을 낳았을 때, 두 번째로는 작은 아들(나)을 낳았을 때를 들었다. 당신의 묘비명으로 '인생 살아보니 별것 없더라!' 가 어떠냐는 내 말에, 그럴듯하다고 공감했다.

『메디슨 카운티의 다리』를 읽고

어제 아침에 로버트 제임스 월러Robert James Waller가 쓴 『메디슨 카운티의 다리The Bridges of Madison County』의 마지막 페이지를 넘겼다. 문고판 약 200쪽의 길지 않은 이야기여서 오랫동안 잡고 있지는 않았지만, 읽고 난 지금의 뒷맛은 진한 감정의 늪에 빠져 흠뻑 젖었다가 나온 듯 한 느낌이다. 특히, 마지막 부분에 나오는 프란체스카가 자식들에게 남긴 편지글을 볼 때, 나는 울었다. 자꾸만 글씨가 흐릿해져서 손등으로 눈을 훔쳐가며 보았다.

나는 영화나 소설속의 이야기에 취해 눈물이 쉽게 난다. 하지만 지난 수년간 그런 일이 없었는데, 이 책이 시원하게 나의 옛날 모습을 다시 드러나게 했다. 어제 친가 쪽 사람들을 만나 이 이야기를 했더니 여러 명이 나를 "사삭스럽다"며 놀렸다. 요즘의 나는 다른 이들의 이런 평을 별로 개의치 않는다. 오히려 나의 이런 '감동할 수 있는 능력'을 소중하게 생각한다.

심금心琴이 우는 것을 한번 경험하고 나면 마음이 청소되는 것 같은 기분이 들기도 한다. 소위 카타르시스 효과인 듯하다. 다른 이들을 바라볼 때도 좀 더 따뜻한 시선을 가지게 된다. 거리에서 늘 부딪히는, 조금만 불편하고 힘들면 짜증낼 것 같은 이들이나 세파에 지친 무표정한 얼굴들을 보면서, 평소와는 다르게 '너희들도 내면에는 나처럼 낭만의 순정이 있겠지. 어쩌면 프란체스카나 킨케이드 같은 이들이 될 수 있는 가능성도 있었을 거야' 라고 생각하는 것이다.

처음 이 책을 읽기 시작했을 때 나는 한 가지 새로운 시도를 했다. 이야기의 내용에 빠지는 재미보다, 작가의 입장에서 이야기를 서술하는 방식에 초점을 맞추고 그것을 분석하는 객관적인 자세로 읽어보겠다고 다짐했다. '나도 혹시 나의 이야기를 글로 쓸 기회가 있을까' 하는 막연한 기대도 이런 식의 공부하는 입장을 취하게 된 하나의 이유였다.

작가가 우연히 만난 남녀의 감정 발전을 어떻게 묘사하는지, 어떤 장면을 누구의 시각에서 설명하는지 등등을 나름대로 구분하며 읽어나갔다. 지금 돌이켜보면, 이 소설을 객관화해서 할 말이 조금 있는 것으로 보아 공부의 성과가 약간은 있는 듯하다. 그러나 중반이 넘어가면서 나의 계획은 흐지부지되고 말았다. 이야기에 빠져 다음 내용을 궁금해 하며 그저 감동무드에서 헤어나지 못하고, 말 그대로 작가의 마술에 걸려 허우적대며 읽다가 끝났다.

소설가의 힘이 강력하다는 것을 새삼 생각한다. 생활의 단조로움을 깨트리기 위해 나는 최근 유명 인사들의 강연회에도 몇 번 참석했고, 나주의 공부모임에도 들어 정기적으로 사람들을 만나고 새로운 이야기들을 듣고 있다. 하지만 그 어떤 것도 이 연애소설처럼 나를 몰입하게 하고 압도적인 인상을 주지 않았다.

어떤 시인은 강연에서, "본인은 음풍농월吟風弄月하는 시는 쓰지 않겠다"고 다짐했다면서, 시대를 호흡하는 사유가 들어 있지 않은 감정적인 글들을 하찮게 보는 듯한 발언을 했다. 나는 그 말에 동의할 수 없다. 우리 사회의 현안에 대한 유명인들 또는 공부모임의 강사들의 말을 듣고 난 후보다, 불륜을 다룬 한 편의 소설을 읽고 난 지금, 나는 내가 훨씬 '착하고 진지하고 좋은, 그리고 시적인 사람'이 된 것 같은 느낌을 음미하고 있다.

> "Preparing and writing this book has altered my world view, transformed the way I think, and, most of all, reduced my level of cynicism about what is possible in the arena of human relationships. Coming to know Francesca Johnson and Robert Kincaid as I have through my research, I find the boundaries of such relationships can be extended farther than I previously thought."
>
> "이 책을 준비하고 쓰는 일은 세상을 바라보는 나의 시각을 바

꾸고, 사고방식을 변화시켰으며, 무엇보다 인간관계 속의 여러 가능성에 대한 나의 염세주의를 감소시켰다. 조사를 통해 프란체스카 존슨과 로버트 킨케이드를 알게 되면서, 나는 이러한 인간관계의 경계는 내가 생각했던 것보다 훨씬 멀리 연장될 수 있다고 느끼게 되었다."

서문에 나오는 작가의 이 말에 나는 전적으로 공감한다.

"In a universe of ambiguity, this kind of certainty comes only once, and never again, no matter how many lifetimes you live."

"애매함뿐인 이 세상에서, 이 정도의 확신은 단 한 번밖에 오지 않아. 몇 번의 삶을 살아도 마찬가지야."

자신의 사랑의 감정을 표현하는 이런 말에 어찌 빠져들지 않을 수 있겠는가?

소설 쓰는 모든 이들, 특히 큰딸 하림에게 건투를 빌고 싶은 마음이다.

페이스북

나는 요즘 '페이스북'을 들여다보고는 있지만, 글을 쓴다거나 사진을 올리는 등의 적극적인 활동을 하지는 않고 있다.

얼마 전 내 스마트폰이 고장 나서 AS센터에 보내고, 그 기간 동안 휴대폰 회사에서 임시로 빌려준 단순한(기능이 제한적인 2G) 임대휴대폰을 쓰면서, 카카오톡이나 페이스북을 할 수 없는 상황에 처했다. 처음에는 세상과 연결되어 있지 않다는 느낌 때문에 조금 답답했지만 아침에 일어나 전화기부터 뒤적거리는 짓을 하지 않는 것에 곧 익숙해졌다. 그리고 시간이 좀 지나자 새벽시간이 전보다 오히려 더 편안해진 것 같았다. 그 후 고쳐진 나의 스마트폰은 돌아왔고 과거의 여러 기능들이 복원되었지만, 나는 여전히 페이스북과 약간의 거리를 둔 상태를 유지하고 있다.

며칠 전에 페이스북의 한 친구가 '메신저'를 통해 안부를 물으며 "페북으로 소식도 좀 전하지"하는 글을 보냈다. 생각이 정돈되어 있지 않아서 답을 못하고 있다가 오늘 내 마음을 들여다보며 글을 써 본다.

페이스북과 잘 어울리지 못하는 나를 생각할 때 먼저 떠오르는 것은, 페이스북의 화면을 볼 때 내가 느끼는 '그냥 스쳐가는 것 같은 가벼움' 이다. 대학생 조카가 "좋아요"를 누른 예쁜 여자들 사진 밑의 수십 개의 'ㅋㅋㅋ' 댓글들에 나는 여전히 적응하지 못하고 있다. 새로움이나 사색의 흔적이 없는 뻔한 글들에 달린 의미 없는 공감과 찬탄의 반응들을 볼 때도, 나는 나와 그들 사이의 벽을 느낀다.

욕설을 섞어서 쓴 글들을 가끔 본다. 이때 나는 속이 메스꺼워진다. 대통령을 내가 좋아하는 것은 아니지만 그녀를 'xx' 이라고 부르는 것은 내 감각에 맞지 않다. 거친 욕은 아니더라도, 특정인을 비하하고 인신공격하는 논리비약이 심한 소문 수준의 글들도 나를 불편하게 한다. 그리고 그런 글들을 '좋아요' 하는 사람들도 이상하게 보인다.

무엇보다 속도가 문제다. 나는 '페북친구' 가 10여 명밖에 되지 않지만, 아침에 일어나서 확인하게 되는, 내 전화기 화면에 뜬 그들이 남긴 흔적이 수십 개에 이른다. 하나하나 집중해서 읽어 나가다 보면 30분 어떤 때는 1시간이 걸리기도 한다. 물론 지금의 나는 다

읽지 않고 그냥 훑어보기만 한다. 하지만 이것도 뒷맛이 나쁘다. 보기는 했는데 읽은 것 같지 않은 '성의 없음' 의 기분이 싫다. 이런 기분을 날마다 반복해서 경험하다보면 스스로 바보가 된 것 같은 느낌이 든다.

연결되어 있다는 느낌을 찾아서, 외로움을 탈피하고 싶어서, 가상공간이지만 사람 많은 곳에 가서 어울려보려고 하지만 그곳에서 만나게 되는 것은 또 다른 외로움이다. 군중 속의 고독은 현실뿐 아니라 페이스북에서도 피할 수 없다. 이것이 페이스북에 대한 나의 현재 생각이다.

어쩌면 새로운 문화에 쉽게 적응하지 못하는 나의 성격이 원인일 수도 있다. 모두 즐거워하는데 그 주변을 돌며 혼자 투덜거리는 나의 모습이 낯설지 않다. 변화하지 못하면 불필요한 것이 되어 도태된다고 했던가? 이런 생각 역시 나의 외로움을 더한다.

It's a heartache(가슴앓이)

『메디슨 카운티의 다리』에 나오는 프란체스카 존슨과 로버드 킨케이드의 감동적인 사랑을 현실에서 찾아보기는 매우 어렵다. 무엇보다, 서로를 위하고 원하는 간절함의 강도가 그처럼 완벽하게 균형을 유지한다는 것은 거의 불가능하다. 내 경우를 돌아보면, 타인에 대한 관심과 사랑은 항상 일정 부분 짝사랑의 모습을 띤다. 내가 관심을 가지고 바라보는 대상이 나에 대해 무관심하다는 것이 아니라, 서로를 향하는 그 애정의 강도가 같지 않다는 것이다.

일주일 전 조카 두 명이 우리 집에서 하룻밤을 지낸 적이 있었다. 수능시험이 끝나 조금 홀가분한 마음으로 우리 집에 온 아이들에게, 내가 옷을 갈아입으면서 러닝셔츠차림으로 지난 1년 동안 만든 근육을 보여주며 "어떠냐?"고 물었다. 그런데 그 중 한 조카가 "너무 평범해서 뭐라고 할 말이 없네요"라고 가볍게 말하며 별 흥미를 보이지 않았다.

별 생각 없이 웃고 넘어 갔지만, 내가 상당 기간 동안 똥배를 없애고 체중을 줄이는 데 들인 시간과 노력을 알아주지 않은 것에 대해 좀 섭섭했다. 지금 생각해보니 가슴앓이heartache라고까지는 말할 수 없지만 약간의 유감으로 남아 있다. 그도 그럴 것이, 내가 이 조카들을 좋아하는 것이나 그들의 변화에 대한 관심의 강도를 생각해보면 분명 내가 좀 손해 보는 듯한 느낌이 있는 것이다.

어제 친척들과의 회식자리에 미국 유학 중 오랜만에 귀국한 조카가 합석했다. 내 옆에 앉은 그 아이에게 나는, 반가움과 솟구치는 애정을 바탕으로, 아픈 그의 할아버지 안부, 그녀의 공부와 남자친구 등등 이것저것에 대해 궁금한 것들을 많이 물었다. 그런데 지금 생각해보니 그 아이는 나에 대해 그 어떤 것도 묻지 않았던 것 같다. 중간중간 들은 말들로 유추해볼 때 그녀는 나의 이 블로그에도 들어와 보지 않은 듯하다. 이 역시 서로에 대한 관심의 균형이 잘 이루어진 관계는 아니다.

두 가지 사례만 적어 봤지만, 사실 나의 모든 인간관계에는 어느 정도 이와 유사한 관심 불균형 상태가 있다고 할 수 있다. 아내나 자식들은 물론 형제들 친구들을 모두 떠올려 보아도 별 예외가 없다. 조국이나 고향 등, 사람이 아닌 것들을 생각해보면 그 일방적으로 기울어짐의 정도는 더 가파르다. 그리고 중요한 것은, 내 생각에, 나는 항상 손해 보는 쪽에만 서 있는 것 같다는 것이다.

물론 나는 생각이나 행동에 있어서, 타인의 반응에 따라 이랬다 저랬다 하기보다, 스스로 세워 놓은 원칙을 따르기 위해 무척 노력한다. 그리고 바로 이 점을, 치정적인 보통 사람들과 나 자신을 구분하는 주요 기준으로 삼고 있다. 하지만 어쩌다 한 번은 짝사랑의 아픔에 대해 생각하게 된다. 특히 오늘(12월 첫날)같이 차가운 비가 오는 날은 'It's a heartache' 같은 유행가의 가사가 마음에 와 닿는다. 혼자 차가운 빗속에서 광대가 된 기분을 느끼며 가슴앓이 한다는 가사가 짝사랑하는 이의 마음을 표현하는 것으로 그럴 듯하다.

그러나 넘치게 받은 편안한 사랑은 쉽게 잊히고, 과한 관심은 때때로 부담스럽게 받아들여진다는 점을 고려해보면, 세상 사람들도 나를 바라보며 손해 보는 느낌을 갖고 있을 수도 있겠다고 생각했다. 오늘 아침, 집안 청소를 잘 도와주지 않는다며 아내가 나를 향해 '이기적이다'는 암시를 담은 말을 한 것도 그런 뜻으로 해석할 수 있을 듯하다. 결국, 모두가 자기중심적으로 가슴앓이하면서 살아가는 것이 이 세상인가?

다시 12월에 서서

또, 벌써 한 해의 마지막 달에 서 있다. 차가운 아침 기온 속에 나는 축사로 향하며 옷깃을 여민다. 땅바닥에 쌓인 낙엽을 밟으며, 감나무들의 벗은 가지 사이를 지나며, 한 해가 갔다는 것을 실감한다. 항상 이맘때면 그렇듯이, 올해도 나는 활동을 멈춘 초목들을 보면서 지나간 시간을 돌아본다.

치질 수술, 장인 장례, 축사지붕에 태양광 발전소를 건설한 일 등등 개인적으로 큰일들이 생각난다. 이 일들은, 올해 나의 10대 뉴스를 꼽을라치면, 모두 다 들어갈 만한 사건들이다.

하지만 지나온 일 년을 돌이켜볼 때 나에게는 지금, 그동안 일어난 특별한 사건들보다 별일 없이 일상을 유지했다는 것이 '가장 큰 일'로 다가온다. 우리 가족 모두, 세월호에 타지 않았다는 것, 임병장이 총을 난사할 때 그 옆에 있지 않았다는 것, 수많은 질병과 사고들을 피해서 일신의 평안을 유지할 수 있었다는 것을 나는 정말 다행이라고 생각하고 있다.

다음으로 생각이 미치는 것은, 연초에 세운 계획이 어느 정도 성과를 냈는지 살펴보는 일이다. 먼저 나는 이 블로그를 활성화하면서 '올 한 해, 좋은 글을 40~50개 정도 쓸 수 있다면 좋겠는데~' 하고 소망했었는데, 방금 보니 글의 목록 숫자 표시가 128이다. 그 전에 쓴 것들 약 10개를 뺀다고 해도, 양으로는 목표를 많이 초과달성 했다. 물론 질적인 면에 있어서는 더 생각해 볼 여지가 있다.

허리통증에 대한 해법을 찾기 위해 헬스클럽에 나가 운동을 한 지가 1년이 되었다. 그런대로 만족스런 체력단련이었다. 요통이 완전히 사라지지는 않았지만 견딜 만하게 통제되고 있고, 부수적인 효과로 체중도 좀 줄고 어깨나 배에 근육도 생겼다. 다람쥐 쳇바퀴 돌리듯이 실내에서 거울을 보며 체력을 소모하는 것이, 어떻게 보면 좀 기이하지만, 인위적인 현대사회를 살아가는 데 감수해야 하는 것들 중 하나라 생각하며 앞으로도 계속할 생각이다.

글을 쓰는 일이나 체력을 단련하는 것은 한 순간에 지나가는 사건이 아니라 긴 시간을 필요로 하는 과정이다. 좋아서 하는 경우도 있지만, 결심과 의지로 뒷받침하지 않으면 좋은 결과를 기대할 수 없는 것들이다. 감정을 누르는 이성, 본능을 억제하는 의지 같은 말을 떠올리며 스스로에 대해 흐뭇해하는 느낌이 있다. 같은 맥락에서, 작은딸이 험한 글씨체를 – 어떤 교수로부터 변호사시험에서 손해볼 수도 있으니 고쳐보라는 충고를 듣고 – 그런대로 알아볼 만하게 고쳤다는 이야기도 나를 미소 짓게 한다.

글의 세계에 좀 더 가까이 간 것도 올 한 해 특기할 만한 나의 변화라고 할 수 있을 듯하다. 언제부터인지 정확하게 말할 수 없지만, 시든 산문이든 나는 예년과 다른 흥미로 감상한다. 단순한 독자의 입장에서가 아니라 '나도 글을 쓴다' 는 생산자 시각으로 바라본다. 이 시각의 차이로 인한 느낌의 변화는 크다. 현재로서는 의미를 분명히 하는 데 초점을 두고 있지만, 다가오는 시간 속에서 문학의 아름다움을 보다 깊고 폭 넓게 감상하거나 스스로 표현하는 경지를 맛보고 싶은 소망이 있다.

'친절한 인상' 으로 나의 얼굴을 바꾸고 싶었지만 생각대로 잘되지 않은 듯하다. 사람들과의 대화 중에, 나는 화를 내지 않았는데도 듣는 이가 '나의 자극적인 어투' 에 거북해 한 것 같은 경우가 여러 번 있었다. 쉽지 않은 일이다.

한 해가 간다. 추운 계절에, 불행을 당한 사람들을 생각하면, 나의 행운과 즐거움이 불안하고 죄스럽기까지 하다. 특히, 느낌은 분명하지만 그 양심을 토대로 행동은 좀체 하지 않는 나의 마음에는, 누군가에게 빚 진 것처럼 어떤 답답함이 항상 있다.

시

안녕, 가버린 날들!

– 한 해를 보내며

57년年

짧지 않은 여정이었다.

믿음도 확신도 없이 흔들리며 걸어온 길이다.

돌아보면

성취의 희열보다 좌절한 희망들의 상흔이 도드라진다.

하지만

상처의 기억은 쓰라려도 크게 부끄러워 할 것은 없다.

다만

회색빛 가슴에 때때로 이는 정처 없는 바람이 쓸쓸하다.

우리에 갇혀 살찌는 소들을 보며

그것들이 잃어버린 것들을 슬퍼하지만

눈 덮인 겨울 산에서 본 야윈 노루의 지친 눈도
편안해 보이지 않는다.

또 시간의 경계에 서서
잡다한 마음을 추스르며 다가올 시간을 바라본다.

사랑하는 것들
잃어버린 것들
그리고 미운 놈들

색이 바래가는 욕망과 정열 속에
다시 칠해질 회색빛, 흔들리는 마음을 예감하며

안녕, 가버린 날들!

『호밀밭의 파수꾼』을 읽고

열일곱 청소년이 바라보는 세상이 흥미롭다. 주인공 홀든 콜필드의 경험과 느낌은 바로바로 공감을 불러 일으켰다. 마치 나도 과거 언젠가 똑같은 것을 겪은 것 같은 기분을 느끼며 끝까지 진지하게, 재미있게 읽었다.

학교에서 퇴학당할 입장이지만 홀든은 풍부한 감수성과 예리한 통찰력을 지녔다. 그가 부딪히는 사람들에 대해 내리는 평가와 그것들을 통해 정돈하는 인간의 특성들을 보며, 나는 웃기도 하고 때때로 생각하는 시간을 갖기도 했다.

인간들의 표리부동, 위선을 혐오하는 젊은이의 그것에 대한 소극적인 저항은, 정상적이고 당연해 보인다. 학교공부에 소홀하고 그로 인해 결국 퇴학당하는 처지에 놓여 방황하지만, 홀든의 고민과 그가 그리는 세상은 어둡지도 왜곡되어 있지도 않다. 아마도 그것은 그의 내면에 깊이 자리한 사랑과 선한 마음 때문일 것이다.

소년이 자라서 어른이 되는 과정에서 겪는 소위 '정신적인 독립' 이, 모든 새로운 것들의 탄생이 그러하듯, 편안할 수는 없다. 부모나 선생이 주입한 틀에서 벗어나 자신의 눈으로 세상을 바라보는 일은 혼란스럽고 때때로 심각한 문제를 야기하지만, 독립한 인격이 되기 위해서 필수적인 과정이다. 하지만 이처럼 필요하고 당연한 일이라 해도 때로는 위태롭다. 네 발로 기던 아이가 뒤뚱거리며 서서 걷는 것을 보는 부모처럼, 아슬아슬한 초보 운전을 보는 주변 운전자들처럼, 나는 긴장감 속에서 소설을 읽었다. 현실에서 유사한 청년의 고민을 보게 될 때 나는 주인공 홀든을 생각하며 좀 더 너그러운 마음으로 바라보게 될 것 같은 생각이 든다.

말로는 여러 번 들었지만 그 의미를 정확하게 알지 못했던 『호밀밭의 파수꾼』이라는 제목의 뜻을 알게 된 것도 하나의 수확이다. 사사건건 비판만 해대는 홀든에게 "하고 싶은 일이 있기는 하냐?"고 동생이 묻는다. 그 질문에 대해 "호밀밭에서 노는 수많은 아이들 중에서 위험한 절벽 쪽으로 뛰쳐나가는 애들을 붙잡아 보호하는 역할을 상상하곤 한다"는 홀든의 대답은 묘한 울림이 있다. 혐오, 위축, 도피 등이 얽힌 복잡한 심리 저변에, 인간에 대한 사랑과 삶에 대한 강한 긍정이 자리 잡고 있다는 것이 재미있다.

사실은, 비판 없는 긍정이란 것이 오히려 이상한 것이다. 슬픔과 기쁨, 어둠과 빛처럼 혐오와 비판은 사랑과 긍정의 뗄 수 없는 짝일 것이기 때문에.

헤매는 홀든에게 안톨리니가 음미하며 보라고 적어준 문구를 지금 나는 외우고 있다.

> "The mark of the immature man is that he wants to die nobly for a cause, while the mark of the mature man is that he wants to live humbly for one."
>
> "미성숙한 자들의 특징은 어떤 목적을 위해 숭고하게 죽으려 한다는 것이고, 반면 성숙한 자들은 그들이 달성하고자 하는 목적을 위해 겸손하게 살아간다."

그런데, 아무리 생각해봐도 앞에 말한 '성숙' 과 '미성숙' 으로 모든 사람들을 구분하기에는 무리가 있는 듯하다. 세상에는, 아무것도 추구하지 않으면서, 오로지 적응을 통해 주위 사람들과의 비교를 통한 우월감으로 사는 이들도 많다. 어쩌면 21세기를 살아가는 우리들 한국인 상당수가 여기 해당할 것 같은데…… 이들은 어떻게 분류해야 할까? '성숙' 인가 '미성숙' 인가?

70년 전에 나온 책이지만 여러 가지 생각을 하게 한 책이다. 하림 하현 그리고 주변의 조카들에게 일독을 권하고 싶다.

축산인의 모순

어제 소 네 마리를 출하했다. 이것들은 약 30개월 전에 내 축사에서 체중 20~25킬로로 태어나, 생후 6개월쯤에 거세되고, 내가 준 사료를 먹으며 700킬로의 거구가 되어 어제 도축장으로 갔다.

소를 파는 일을 한두 번 해본 것이 아닌데도, 키우던 것들을 차에 실어 보내고 나면 언제나 찜찜한 마음이 며칠 간다.

태어날 때부터, 아니지, 인공수정을 할 때부터 이것늘의 운녕은 정해졌다고 할 수 있다. 칸은 몇 번 옮기지만 약 300평 되는 내 축사에서 평생을 살다가, 때가 되면 어제처럼 차에 실려가 고기가 되어 사라지는 것이다. 아리스토텔레스의 목적론적 정의론에 따르면, 나의 소 네 마리는 어제 그 정의가 실현되었다고 할 수 있다.

그렇지만, 좋은 악기가 좋은 연주자를 만나 아름다운 음악을 만들어내는 것을 상상하면 그저 상쾌하기만 하지만, 살아 있는 것들의 '목적달성' 을 보는 마음은 그렇게 후련하지 않다.

나는, 누군가의 말처럼, 짐승들을 자식처럼 키우지는 않는다. 하지만 가까이 다가온 것들을 만지기도 하고 때로 손에 전해지는 따뜻함(소는 사람보다 체온이 약 2도쯤 높다)을 즐기기도 한다. 내가 몸을 굽힌 채 물통 청소를 할 때 내 모자를 물고 가서 장난치듯 소똥 위에 버린 놈도 있었다. 이러다 보니, 미련한 소들이 알아듣지는 못하겠지만 나는 그것들에게, 혼자 궁시렁거리며, 욕을 하기도 하고 명령을 하기도 한다. 요는 교감이 있는 것 같다는 것이다.

마지막 먹이를 줄 때 나는 좀 좋은 것 – 그래봤자 볏짚일 뿐이지만 – 을 골라서 주었다. 그리고 하나씩 확인 – 무게추정을 겸해서 – 을 했다. 나름대로의 이별의식인 셈이었다.

TV속 동물의 왕국에서 포식자가 약한 것들을 잡아먹는 것을 볼 때면, 나는 하나의 '자연' 으로 받아들여 별 감정의 찌꺼기가 남지 않는다. 키우던 닭을 시장에 가서 잡을 때도, 그 일이 별로 즐겁지는 않지만, 큰 거리낌은 없다. 그러나 표정이 있는 것 같은 개나 소는 좀 다르다.

운명적으로 약한 것들을 잡아먹고 살아가는 사자나 독수리는 식사가 즐겁기만 한 것 같은데, 마찬가지로 포식자인 인간은 왜 이리 해답도 없는 복잡하고 모순된 감정을 갖게 된 것일까? 물리적인 생존양식과 균형이 맞지 않게, 감정과 생각의 범위가 '너무' 넓은 것이 문제일까?

환경과 유전자

환경이냐 유전자냐 하는 문제에 접하면, 나는 주로 환경적인 것들에 대해 관심을 갖는다. 선천적인 능력의 차이를 무시한다기보다는, 현재 할 수 있는 일에 초점을 맞추는 것이 생산적이라고 생각하는 것이다. 물론 나의 지금까지의 구체적인 결정들을 돌아보면, 고려의 무게중심이 상황에 따라 양쪽을 왔다 갔다 한 것 같다.

예를 들면, 송아지를 고를 때는 소위 족보를 따져 그 잠재능력을 짐작하는 데 공을 들인다. 크고 좋은 등급의 소가 되는 데에는 유전적인 것이 60~70%를 결정한다고 책에 쓰여 있다. 축사 환경이나 사료는 이미 정해져 있다고 보면, 선천적인 것을 중시할 수밖에 없다.

그러나 일단 키우기로 작정을 하면 그 다음부터는 유전자 같은 것은 잊어버리고, 내가 소들을 좀 더 좋게 만들 수 있는 방법이 무엇인가, 즉 환경에 초점을 맞춘다. 최근 출하한 소들의 성적이 그럭대로 양호한 이유를 분석해 보았는데, 나는 그것들에게 마지막 석 달간 소화효소를 첨가해서 먹인 것이 효과가 있었다고 잠정 결론을 내렸다.

요즈음 나는 환경의 중요성을 절감하는 경험을 하고 있다. 지난 가을까지 알을 잘 낳던 암탉들이 날씨가 추워지면서 하나 둘 산란을 멈추더니, 12월 들어서는 13마리의 닭이 하루에 겨우 1개 정도만 알을 낳는 지경에 이르렀다. 수탉 두 마리를 합해 15마리가 먹는 사료값을 계산해보니 그것이 하루 약 1,400원 어치다. 달걀 한 개에 1,400원이라는 뜻이다. 이것은 말이 안 되기 때문에 한때 나는 닭들을 전부 잡아먹어 없애는 것을 진지하게 고려했다.

그러다가 문득, 혹시 현재의 닭장이 북쪽에 있어서 춥고 햇볕도 잘 들지 않아, 닭들의 컨디션을 나쁘게 하는 것이 아닐까하는 생각이 들었다. 그래서 나는 닭들을 여름에 건조장으로 쓰다가 지금은 비어 있는 따뜻한 비닐하우스로 옮겼다. 그것들에게 마지막 기회를 준 셈이다.

결과는 기대를 크게 초과하고 있다. 닭들이 이사한 지 이제 겨우 1주일쯤 되었는데, 어제 나는 달걀 6개를 주웠다. 짐작하건대, 며칠만 더 있으면 모든 암탉들이 매일 알을 낳을 것이다. 일조량이 적은 겨울임을 고려해서 하루 약 7개의 생산을 기대한다면 단가가 약 200

원 꼴이고, 이 정도면 나는 닭들을 잡지 않고 계속 키울 수 있다고 생각한다.

하마터면 잡아먹힐 뻔했던 닭들에게 조금 미안한 마음도 생기고, '사람도 이처럼 환경에 따라 크게 변화할 수 있을까?' 하는 생각도 해보게 된다. 아이들의 잠재된 가능성을 알아보고 그것이 발현될 수 있는 환경을 조성해주는 것, 즉 '교육'의 중요성이 새삼 크게 느껴진다. 닭들을 추운데 놓아두고 알을 낳지 않는다며 잡아먹을 뻔한 경우와 유사한 상황이 인간사회에도 있을 것이라고 상상하면 끔찍하다.

한편, 유전자의 의미를 곰곰 생각하게 하는 일도 있었다. 약 두 달 전에 친구 집에서 리트리버 잡종 강아지 한 마리를 가져와서 키우고 있다. 그것이 아직 어린데다 성격이 순하기도 해서 그동안 묶지 않고 제 마음대로 돌아다니게 했는데, 이제 덩치가 제법 커져서 버릇을 들일 목적으로 얼마 전에 목줄을 달아 기둥에 매어 놓았다.

새로운 구속에 적응하는 과정은 대부분 상당히 고통스럽다. 이런 경우, 다른 개들 특히 진돗개는 묶이지 않으려고 며칠 동안 난리 법석을 떤다. 녀석들은 시끄럽게 울고 몸부림을 친다. 과거에 우리 집 보리를 묶어두려고 했을 때, 나는 그 괴로워하는 모습을 보고 '저러다 죽어버릴 수도 있겠다'는 생각이 들어 묶는 일을 포기하고 말았다.

하지만 나의 우려는 정말 기우였다. 밤이(리트리버 강아지의 이름)는 아무 소리도 내지 않았다. 묶인 채로 조용히 제 집에 들어가서 자고, 주는 사료를 잘 먹었다. 아주 평화롭게 구속을 받아들였다. 이 차이는 유전자가 아니면 설명할 수가 없다.

이장희

최근 〈불후의 명곡〉 이장희 편 재방송을 보았다. 「그건 너」, 「한 잔의 추억」 등 인상 깊은 노래를 만든 이장희는, 유행가 가사쓰기에 관심이 있는 내가 '천재 예술가'로 인정하고 존경하는 몇 안 되는 이들 중의 하나다.

두 번에 걸쳐 방송된 그의 노래들을, 가사 중심으로 들으며 나는 혼란스러웠다. 몇 몇 곡들을 제외한 대부분의 것들에 공감할 수 없었기 때문이다. 실제로, 상당수의 노래들은 도저히 끝까지 들을 수가 없어서, 중간에 빨리감기를 해서 넘겼다. 첫 회 시작할 때 그가 직접 무대에 올라 부른, 신과 관련된, "선악과가 어떻고~" 한 노래도, 그는 큰 의미를 부여했지만 듣는 것이 즐겁지가 않았다. 무엇보다 노랫말이 너무 직접적인데다가 단순하고 유치해서 도저히 '아름답다'고 생각할 여지가 없었다.

이것을 어떻게 정리해야 할 것인가? 자신이 만든 '터무니없는' 노래들을 들으며 만족스런 미소를 띠고 '전설' 로 앉아 있는 이도 이장희이지만, 내가 탄복하고 즐겨 흥얼거리는 노래들을 만든 이도 또한 분명 이장희다.

타율로 평가받는 야구선수들을 떠올려본다. 작사 작곡가도 모든 작품이 수작일 수는 없고 가끔 좋은 것이 나오는 것일까? 크게 히트해서 널리 알려진 것들은, 몸체의 대부분을 바다 속에 둔 빙산의 일각처럼, 수많은 졸작들을 밑에 두고 있는 것일까?

'천재' 에 실망하는 것은 꼭 부정적인 것만은 아니다. 왜냐하면 그것은 평범한 이들에게 때때로 위안이 되기 때문이다. 나를 예로 들자면, 이장희를 보고 나는 그의 일부 작품을 혹평하며 '그 정도는 나도 쉽게 쓸 수 있다' 고 생각한다. '나에게 부족한 것은 어쩌면 재주가 아니라 노력과 작품 수이다' 라고 상상해 본다. 다시 말해 타석에 자주 서기만 하면 나도 안타를, 아니 가끔은 홈런도 칠 수 있을 것 같은 생각이 드는 것이다.

천재로 부터 나오는 것들은 버릴 것이 없는가? 좋은 것은 사람들에게 기쁨을 주고, 시답잖은 것들은 평범한 자들에게 용기를 주니 말이다.

시

어색한 미소 Enigmatic Smile

그때는 몰랐지요
당신의 어색한 미소가 사랑이었다는 것을

우리는 웃으며 헤어졌지요
당신 심중心中의 안타까움은 조용히 잊혔지요

세월이 흘러, 어느 하늘 맑은 날,
불현듯 떠오른 추억들이 확신이 됩니다

기울은 햇볕 속에 나는 오랫동안 앉아 있습니다
그때, 당신의 마음도 이처럼 뒤틀렸나요

당신의 안타까움이 허사虛事는 아니었네요
무심無心한 청년은 반백半白이 되어,

가지 않은 길 돌아보며,
계면쩍은 웃음 짓고 있으니까요

아마, 당신도 때때로 먼 하늘 보며,
비밀스럽게 웃을 테지요

'Enigmatic Smile'

At that time, I didn' t know,
that your enigmatic smile was love.

We parted with a laugh.
Your anguished heart went unnoticed.

Time flew.
On a sunny day,
a memory that pops up suddenly,
becomes a conviction.

For hours I sit in slant autumn sunlight.
In those moments, was your mind also bitter?

Your heartache was not in vain.
Because this careless young man, now grizzly haired,
is smiling, looking back at the road not taken.

Perhaps, you too smile secretly sometimes,
looking back at that void from afar.

*It's written in Korean, translated by me and edited by Eden Jones who is my English teacher.

군에 입대한 조카 재헌에게

훈련소에서, 불특정 다수에게 '제발 편지 좀 해주시오' 라며 보낸 네 '동냥아치 콘셉트' 의 글 보았다. 페이스북에서 자주 보았던 너의 'ㅋㅋㅋ' 글이 아닌 것이 조금은 새로웠다. 네가 '제법 긴 글을 크게 틀린 것이 눈에 띄지 않게 쓸 수도 있다는 사실' 을 확인하며 반가운 마음으로 여러 번 읽었다.

하지만, 네 요청대로 너에게 위문편지를 쓰는 것이 쉽지 않았다. 상당한 시간이 지난 지금까지 네게 어떤 이야기를 해야 할지를 정하지 못해, 그 일을 숙제처럼 마음에 두기만 하고 실행하지 못했다. 그 이유는, 너와 나 사이에 있었던 공동의 추억거리도 별로 없고 지적 감정의 교류 경험이 없어서, 뻔하고 진부한 초등학생들이 쓰는 '군인 아저씨를 향한 이야기' 외에 다른 특별한 내용을 생각해 내기 어려웠기 때문이다.

사실, 너는 나의 이 블로그에 '들어와 보라' 는 초청을 여러 번 무시했다. 나는 서로를 더 이해하고 생각과 느낌을 교류하며 친해지고 싶었지만, 군대 가기 전 너는 나의 이런 마음에 관심을 보이지 않았다. 그러다가 군인이 된 네가 갑자기 나의 편지를 원한다는 것이 조금 놀라웠다. '외로움 때문일까?' 아니면 '동료들 사이에서 서로 받은 위문편지 숫자로 어떤 내기를 한 후 장난하는 기분으로 쓴 글일까?' 이것저것 생각해보았다. 결국 '상대에 대한 고려는 접어두고 나의 생각과 감정에 충실하자' 고 마음먹고, 내 마음속의 '조카에 대한 사랑' 만 떠올리며 편지를 쓰기로 했다.

너의 이모와 큰 외숙이 쓴 글들을 부대 홈피에서 읽어 보았다. 모두 나와 비슷한 고민을 하며 정말 애를 써서 썼다는 것을 잘 알 수 있었다. 절실하게 쓸 이야기도 없으면서, 답장을 기대하지도 않으면서 쓰는 글은 어렵다. 너도 군에 간 친구에게 편지 써 봤다면 이 기분을 잘 알 것이라고 생각한다.

나는 평소 내 페이스북 친구인 너의 인터넷상의 흔적들을 보며, 네가 'ㅋㅋㅋ 농담' 이나 예쁜 여자 사진을 무척 좋아한다는 것은 알고 있었지만, 그것이 전부라고 생각하지는 않았다. 앞에 언급한 제법 긴 글을 보고, 또 가족에게 보낸 글에서 나름의 감상의 편린을 보였다는 이야기를 듣고 '다음은 뭘까?' 하는 호기심과 흥미가 생기는 것을 느낀다.

네가 알는지 모르지만, 나의 취미 중 하나는 영어책 읽는 것이다. 얼마 전에 "Every cloud has a silver lining"이란 문장을 보았다. '어떤 슬프거나 힘든 상황에도 긍정적인 면이 있다' 고 해석할 수 있는 말이다. 훈련병이 된 너에게서 알게 된 새로운 모습을 생각하며 떠올려 본 말이다.

춥고 외롭고 육체적으로도 힘들다는 군대 생활 속에서 너의 실버라이닝은 무엇일까? 세상에 태어나서 처음으로, 무엇인가(국가)가 너를 필요로 해서 먹을 것과 잠잘 곳을 주어 부모로부터 독립하게 한 것에도 의미를 부여할 수 있을 듯하다. 그리고 실감이 나지는 않는다마는, 군가의 가사처럼, 너를 믿고 단잠을 이루는 많은 사람들을 생각하며 갖게 될 '유용한 사람' 이라는 자의식 같은 것을 예로 들 수 있을까?

"같은 물을 마시고도 독사는 독을 만들고 젖소는 우유를 만든다"는 말이 불경에 있다고 한다. 내가 딱 너 같은 상황 – 군에서 훈련받고 있을 때 – 에서 들었던 말이다. 그럴듯하게 들리지 않냐? 군이라는 특수상황이 너의 영혼에 어떤 무늬를 새길까?

"군대 갔다 오면 철이 든다"는 말이 있다. '군대에서 아이들이 사회를 배워 속물이 된다' 는 뜻을 내포하고 있기 때문에 꼭 긍정적인 말은 아니지만, 그 속에 한국문화의 핵심을 건드리는 부분이 있다고 생각한다. 상급자의 눈치를 보며 주어진 여건에 적응하는 것이 편한 길이라는 것을 체득하는 곳이 군대라는 것을 부인하기 어렵다. 이것이 내가 너를 생각할 때 가장 걱정하는 부분이다. '매력 없는 인간'이 될까봐 걱정한다는 말이다. 그렇지 않아도 호르몬의 영향을 많이 받는 너이기에 말이다.

한 가지 도움이 될 만한 생각이 있다. 내가 즐겨 쓰는 '몰입과 거리두기' 라는 말인데, '적응하되 그러는 자기 자신을 관찰하는 객관적 시각을 유지하라' 는 뜻이다. 자기 스스로의 모습을 바라보는 또 다른 자기를 단련하는 것이다. 스스로를 특별한 인간으로 유지하는데 상당히 좋은 효과가 있다. 물론 그 단련이라는 말 속에는 사색과 글쓰기 같은 정신적인 노동이 들어있다. 호르몬이 아닌 이성과 의지를 동원해야 하는 일이 벌써 부담스럽게 느껴지냐? 그러나, "좋고 귀한 것은 쉽게 얻어지지 않는다"는 말은 당연히 여기서도 해당한다.

이런 식으로 쓰다보면 끝이 없겠으니 대충 여기서 줄이고 싶다. 아, 잊어버릴 뻔했다. 너의 요청에 부응해서 너에게 쓴, 부대 홈피에 올려진, 많은 이들의 정성스런 편지들을 보았다. 네 덕에 그것들을 읽으면서 즐거웠다. 평소에 좀체 알 수 없는 주변인들의 내밀한 감정을 들여다 볼 수 있는 기회가 흔한 것이 아니지. 하지만, 무협지에 나오는, 은혜도 원수도 10배로 갚는다는 사천 당가의 방식을 떠올리면, 나중에 네가 해야 할 의무가 너무 클 것 같아 걱정되기도 한다.

안녕! 건강과 행운 – 군에서 이것이 특히 중요할 때가 있다. 이미 절감하고 있을까? – 을 빈다.

작은 외숙

설

제법 길어 보였던 설 연휴가 지났다. 거의 일주일 동안 많이 먹고 쉬었다. 늘어났을 체중을 걱정하며 아침에 체육관에 가서 땀을 좀 흘렸다. 뜨거운 물 샤워도 상쾌했고 점심 후에 취한 휴식도 좋았다. 맑은 정신으로 지난 며칠을 돌아본다.

많은 사람들을 만났다. 멀리 떨어져 사는 동생가족, 평소 보기 어려운 조카들과 얼굴을 마주보며 시간을 보냈다.

형제들과의 세배는 묘한 뒷맛을 남긴다. 어느새, 절하고 바라보는 웃음 띤 얼굴들에 주름이 깊다. 검어 보이는 머리카락들도 염색된 것들이라는 것을 안다. 작년처럼 모두들 건강 유지하고 '잘' 살고 있는 듯하다. 그러나 형은 올해 60이다. 나머지도 고만고만 그 뒤를 따른다. 동네 길에서 보는 아이들 같은 모습들이 기억 속에 여전히 선명한데, 어느덧 우리는 '어른들'이 되어 사라진 숙부들이나 아버지의 자리를 차지하고 있다.

성인이 된 조카들의 절을 받는 것도 감동적이다. 웃으며 덕담하지만 흐르는 세월을 실감하며 '시대의 주인공들은 이제 너희들이구나' 하며 한발 물러서는 마음을 확인한다.

아, 그리고 어머니! 그녀는 지난 1년도 버텨 냈다. 휠체어에 앉아 자식 손자들의 인사를 받고 세뱃돈을 주었다. 약해져서 들리지 않는 그녀의 몇 마디 말들을 내가 확성기 노릇을 하며 아이들에게 전달했다. 병구의 왜소한 모습이지만 여전히 모인 사람들의 구심점이다.

떠오르는 장면들을 기억 속에 선명한 모습으로 간직하려고 애를 써본다. 사진처럼 찍어 보관하기 위함이다. 아버지를 생각할 때 생전의 마지막 야윈 얼굴만 떠오르는 것이 유감이다. 같이했던 그 많은 시간과 사연들은 다 어디로 가버린 것인지…… 평소에 노력해서 정리해 두면 나중에 여러 가지 상황들을 생생하게 되살릴 수 있을까?

말도 많이 했다. 아내로부터 '말이 너무 많다' 라는 신호를 여러 번 받았다. 하지만, 절하고 앉아 있는 조카들에게 "올해 소망이 뭐냐?"고 묻자 모두 약속이나 한 듯이 "공부 열심히 해야지요"라고 답하는 것을 보고 내가 어찌 그냥 지나갈 수 있겠는가? 중학생, 고등학생, 대학생, 대학원생 구분 없이, 성적을 좋게 받아 취직 또는 진로선

택에서 유리한 입장에 서는 것이 (인생)목표라니 좀 웃기지 않은가? 며칠이 지난 지금 생각해도 뭔가 잘못된 게 분명하다. 어쩌면, 그런 대화를 당연한 것으로 받아들이는, 나를 제외한 다른 어른들이 더 이상한 것 아닌가? 아니면, 나만 빼고 모두들 그냥 즐거운 것일까?

여러 가지 경우에 나는 다른 이들과 다른 의견을 가지고 있음을 다시 한 번 확인했다. 특히 젊은 아이들에게 '시비를 걸고', '자극하고 놀리는 데'에 나는 재주가 좀 있는 듯하다. 물론 나의 이런 시각과 말이 그들에게 큰 영향을 주었을 것이라고 생각하지는 않는다. 그러나 소통의 필요성과 함께 나의 존재가치를 분명하게 느낄 수 있는 경우였다. 내 의견에 동의를 하든 안하든, 내가 그들의 생각을 단련할 수 있는 '숫돌' 같은 역할은 할 수 있을 테니까 말이다.

공부 잘하는 것이 소망이라는 아이들은 그러라고 하고, 나의 올해 소망은 뭘까? 여름에 조카들과 같이 치르기로 한 TEPS시험 내기에서 900점 이상 받아 우승하면 좋겠고, 체육관에 꾸준히 다녀 근사한 복근을 아이들에게 자랑할 수 있기를 바란다. 그리고 '꼰대'가 되지 않기 위해 노력해야지. 진부한 말을 무게 잡고 길게 하는 노인들처럼 꼴불견인 것도 별로 없다. 잘 갈아진 칼처럼 존재하기 위해서는 독서도 꾸준히 해야지.

올해는 큰딸이 귀국해서 우리 가족 모두가 모일 수 있다. 2년 가까이 보지 못한 아이가 어떻게 변했는지 확인하는 것도 큰 즐거움일 것이다. 작은딸이 취직을 하고 처음 받은 월급으로 선물을 사줄는지도 모르겠다.

친절과 인내

나의 현재 카카오톡 상태메시지는 "My true religion is kindness(나의 진짜 종교는 친절)."라는, 달라이 라마가 말했다는 문장이다. 이렇게 나를 나타내는 것으로 뭔가를 적어두는 것에는, 그 말에 공감한다는 의미도 들어 있고 또 그것을 곰곰 생각해보자는 다짐도 들어 있다.

앤 라모트 Anne Lamott는, 그녀의 책 『하나씩 하나씩bird by bird』에서, 친절하다는 것은 "고통 속에서도 스스로의 열린 마음을 유지하는 것"이라고 설명하고 있다. 내가 좋아하는 말 '열려 있다'가 이런 뜻으로도 쓰인다는 것이 새삼스럽다.

이런 도덕적인 문장을 보게 되면 나는 '이것이 현실에서 구체적으로 어떻게 나타날까?' 다시 말해 '친절한 사람이란 현대 한국 사회에서 어떤 모습을 띨까?' 하고 생각해 본다. 내게는 먼저 '상대에 대한 배려' 가 떠오른다. 언뜻 이해할 수 없거나 불쾌한 상황에 직면할 때, 진실이 무엇인지 확실히 알게 될 때까지 속단하지 않고 차분하게 대처하는 것이 중요해 보인다.

손해를 보더라도 무조건 상대의 비위를 맞춰 우호적인 분위기를 유지하라는 말은 분명 아닐 것이다. 상대의 과오가 명확하게 들어났을 때, 그것을 응징하고 행동의 수정을 강요해야 할 때 '친절' 은 어떻게 작용할까?

최근 디즈니사가 제작한 영화 〈신데렐라〉를 설명하는 타임지의 글을 읽었다. 신데렐라의 생모가 죽으면서 어린 딸에게 "용기 있게 그리고 친절하게!Have courage and be kind!"라는 말을 마지막으로 남겼고, 신데렐라는 그 말에 부응하는 아가씨가 되었다는 이야기였다. 신데렐라의 특징으로 '용기' 와 '친절' 그 두 가지의 미덕을 중심에 두고 이야기를 풀어나가는 듯하다. 그럴듯한 조합이다.

'고통 속에서의 열린 마음' 이나 '아부나 비겁과는 다른, 상대에 대한 인간적인 배려' 같은 것을 실천하는 데에는 용기가 필수적이라는 점에서, 어쩌면 이 두 가지 덕목은 한 뿌리에서 나온 것일 수도 있다.

3월도 중순을 넘어서서 이제 봄기운이 제법 느껴지고 동네 노인들도 밭에 나와 일을 한다. 어제는 이웃 노인 한 사람이 우리 집 울타리 안에 들어와 땅을 일구고 있는 것을 우연히 보았다. 내가 다가가서 "무엇을 하고 있느냐?"고 물었더니 그녀는, 여름이면 풀이 자기네 집으로 자꾸 넘어오니 미리 우리 집 땅에 사철나무를 심으려 한다고 답했다.

"그렇다면 아주머니 집에 심을 일이지 왜 우리 땅에서 이러고 있느냐?"는 나의 말에 그녀는 "땅 얼마 들어가지도 않는다"며 애매한 웃음을 지었다.

내가 사는 이곳에서는 이웃 간에 이런 어처구니없는 일들이 종종 일어나기 때문에, 나는 사실 어제의 그런 일 정도로는 이제 별로 큰 충격을 받지도 않는다. 아무튼 '친절한' 나는, 화도 내지 않고 "우리 땅에 그럴 수는 없다, 나무를 심고 싶으면 아주머니 땅에 심으라"고 부드럽지만 단호하게 말했다.

만약 신데렐라를 내가 다시 쓴다면 '친절'과 '용기'에다 제3의 덕목으로 '인내'도 추가하고 싶다.

글 쓰는 마음

새로운 생각이 있으면 글을 쓰는 것이 습관이 된 듯하다. 숙제하는 것 같은 느낌이 좀 있지만 전반적으로는 즐겁게 작문을 한다. 쓰고 난 후, 내가 쓴 것을 다시 읽으면서 감상하는 것도 재미있다.

나의 생활 속에서 글쓰기가 의미 있는 것으로 자리를 잡은 것은 제법 오래 전이다. 아이들과 떨어져 있으면서 편지를 자주 쓴 것이 그 출발인 것 같다. 그러니까 벌써 10여 년 전이다. 지금 생각하면, 아버지 입장에서 자식교육을 목적으로 시작했지만, 이 습관은 나 스스로의 수련 수단이 된 것 같다.

음악이나 미술 등 예술과 관련한 재주가 없는 – 요즈음 나는 나의 예술에 대한 무지의 원인을 선천적인 것이라기보다 후천적인 것이라고 생각하고 있다. 왜냐하면 나와 유전자가 흡사한 나의 딸들은 제법 '예술적'이기 때문이다 – 나에게 미적인 감각을 단련하고 현실에서 그것을 실현하며 삶을 아름답게 가꿔 나갈 수 있는 가능성은 좀 제한적이었다. 글쓰기 하면서 나는 이 모자란 부분이 조금씩 채워지는 것 같다는 생각을 한다.

작문을 하는 데에도 미美를 추구하는 마음은 필수적이다. 표현하고자 하는 생각을 치밀하게 정돈하고 앞뒤를 고려하며 지루하지 않게 서술해 나가는 것이 쉬운 일은 아니다. 조화와 균형을 유지하며 작품의 완벽함을 바란다는 점에 있어서 작문이, 음악이나 미술 등의 예술 활동과 다를 바가 전혀 없다고 나는 생각한다.

나는 도道나 예藝라고 불리는 것들 또는 선禪도 궁극적으로 아름다움을 추구한다는 데 그 공통점이 있다고 생각한다. 각각의 수단은 다르지만 그 활동을 통해 최종적으로 원하는 것은 같다는 말이다.

그 과정에 기쁨도 물론 있다. 뭔가를 원할 때, 그 목표에 한발 한발 다가간다는 것이 바로 즐거움일 테니까. 간절함이 클수록 성취의 희열도 물론 클 것이다. 이 부분은 나에게 있어서 아주 명백하다. 생각이 있어도, 수월하게 글을 쭉 써내려갈 수 있는 '천재성'이 없는 나는 책상에 오래 앉아서 쓴 것을 고치고 또 고쳐가며 끙끙댄다.

하지만 그 과정에서 마음에 드는 단어나 표현방법이 떠오를 때면 정말 매우 즐겁다. 한 가지 주제를 염두에 두고 있다가, 자동차를 운전하면서나 축사에서 일을 할 때 문득 아이디어가 떠오르면, 기분이 좋아져서 혼자 소리 내어 웃은 적도 여러 번 있다. 이는 아이들이 퍼즐 맞추기 놀이 하면서 느끼는 재미와 비교할 수 있을 것 같다.

공개할 작정으로 글을 쓰는 경우, 사회적인 의미에 대해서도 생각하게 된다. 나의 글을 통해 다른 사람들에게 어떤 영향을 주는 것을 상상하는 것이다. 아니면, 나의 미적 수준이 높아짐으로써 다른 이들과 맺은 나의 관계가 달라질 수 있다고 생각해보는 것이다. 이 부분은 "행동하지 않는 양심은 악의 편이다"는 김대중의 말을 떠올리면 좀 찔리는 구석이 있는 나로서 자기 위안의 방법이기도 하다.

실제로, 글쓰기가 나와 나 아닌 다른 이들과의 관계에 영향을 미치는 경우가 있다. 예를 들면 자식들과 함께 나의 글을 소재로 이야기할 때, 나는 서로 이해의 폭이 넓어짐을 느낀다. 아이들이 자라 어른이 된 지금, 그들과 좋은 친구 같은 사이를 유지하는 데 있어서 이보다 더 좋은 방법이 있는지 나는 모르겠다. 형제들이나 친구들과의 관계에서도, 강도의 차이는 있겠지만 긍정적인 효과가 있다고 나는 생각한다.

내게는, 주식이나 부동산 가격등락 관련한 이야기보다 나의 글을 소재로 토론한 후의 뒷맛이 훨씬 좋다. 물론 이런 경우, 나는 종종 비판의 대상이 되기도 한다. 하지만 중요한 것은 내가 대화의 소재를 제공했다는 점이라고 나는 생각한다.

뛰어난 감수성과 문학성을 가진 이들을 가끔 만난다. 예리한 시각을 가졌지만 그것을 공개된 글로 표현하지 않는 그들을 보면 때때로 안타까움을 느낀다. 개인적으로나 사회적으로나, 어떤 상실 - 더 좋아질 수 있는 가능성이 실현되지 않았다는 점에서 - 의 마음이 든다. 그들에게 평범한 나의 작문이 약간이라도 자극이 될 수 있다면, 그것 역시 글쓰기의 긍정적인 효과라고 할 수 있을 것이다.

소통의 흔적

초판1쇄 찍은 날 | 2015년 4월 30일
초판1쇄 펴낸 날 | 2015년 5월 5일

지은이 | 박우식
펴낸이 | 송광룡
펴낸곳 | 도서출판 심미안
등록 | 2003년 3월 13일 제05-01-0268호
주소 | 501-841 광주광역시 동구 천변우로 487(학동) 2층
전화 | 062-651-6968
팩스 | 062-651-9690
전자우편 | simmian21@hanmail.net
값 | 12,000원

ISBN 978-89-6381-152-9 03800